LOI DE CRÉDIT AGRICOLE

RÈGLEMENT DU REGISTRE PUBLIC DU CRÉDIT AGRICOLE

A PARIS

IMPRIMERIE BARTHE & Cie

51, Rue Le Peletier, 51

1926

LOI DE CRÉDIT AGRICOLE.

LOI DE CRÉDIT AGRICOLE

RÈGLEMENT DU REGISTRE PUBLIC DU CRÉDIT AGRICOLE

A PARIS

IMPRIMERIE BARTHE & Cie

51, Rue Le Peletier, 51

—

1926

LOI DE CRÉDIT AGRICOLE

RÈGLEMENT DU REGISTRE PUBLIC DU CRÉDIT AGRICOLE

TITRE PREMIER

Des Institutions de Crédit Agricole.

CHAPITRE PREMIER

De la Banque Nationale de Crédit Agricole.

Création de la Banque.

ARTICLE 1er. — La Banque Nationale de Crédit Agricole est créée pour l'organisation et le développement du crédit dans la République, et on autorise l'organisation et le fonctionnement des Sociétés locales

7

et régionales de crédit, ou autres institutions similaires, **aux** termes de cette loi.

ARTICLE 2. — La Banque sera constituée en Société Anonyme sur les bases suivantes :

Objet.

I. — L'objet de la Société sera :

a). Développer, réglementer et surveiller la constitution et le fonctionnement des Sociétés régionales et locales de crédit agricole.

b). De faire des prêts préparatoires, des prêts de relèvement, des prêts immobiliers ayant des buts agricoles soit pour la construction de travaux permanents destinés à l'amélioration territoriale, soit pour l'acquisition, le morcellement et la colonisation des terres.

c). Emettre des obligations, des bons agricoles ou de caisse et des bons hypothécaires, autoriser et garantir les émissions de bons de caisse ou agricoles faites par les Sociétés régionales de crédit.

d). Surveiller et garantir les inscriptions qui seront prises dans le « Registre public du Crédit Agricole ».

e). Pratiquer les opérations de Banque et commerciales, signer les contrats et exécuter tout acte nécessaire à son institution.

Durée.

II. — La durée de la Société sera de trente ans.

Siège.

III. — Le siège de la Société sera établi dans la ville de Mexico ; mais des succursales et des agences pourront être créées dans l'intérieur de la République et à l'étranger.

Capital et Actions.

IV. — Le capital social sera constitué par trois séries d'actions.

a). La Série « A », qui ne pourra être souscrite que par le Gouvernement Fédéral, sera inaliénable, et, sous aucun motif on ne pourra changer ni sa nature ni les droits que cette loi lui confère.

b). La Série « B », qui ne pourra être souscrite que par les Gouvernement Locaux ; et

c). La Série « C », qui pourra être souscrite par des particuliers et par les Sociétés régionales de Crédit.

Valeur des Actions.

V. — Les actions auront une valeur nominale de $10.00 chacune et celles des Séries « A » et « B » seront nominatives.

Émission.

VI. — La Société est autorisée à faire une première émission d'actions de cinquante millions de piastres ; elle pourra faire postérieurement des émissions d'actions dans les termes signalés par les statuts et les placer sur le marché au fur et à mesure que cela lui sera nécessaire. En aucun cas la Société ne pourra offrir à la vente des actions à un prix inférieur au prix nominal.

VII. — La Société ne pourra se constituer avant qu'il y ait une valeur nominale de vingt millions de piastres d'actions souscrites. Les actions seront toujours intégralement payées.

Administration.

VIII. — L'administration de la Société sera à la charge d'un Conseil renouvelable partiellement tous les deux ans et composée de onze Conseillers propriétaires et de cinq suppléants ; desquels cinq Conseillers propriétaires et deux suppléants seront désignés par la Série « A » ; deux Conseillers propriétaires et un suppléant par la Série « B », et quatre Conseillers propriétaires et deux suppléants par la Série « C ».

IX. — Les Conseillers de la Série « A » seront nommés par l'Exécutif Fédéral, de la manière suivante :

a). Deux sur la proposition de M. le Ministre des Finances.

b). Deux sur la proposition de M. le Ministre de l'Agriculture.

c). Un, proposé par l'Union des Sociétés Locales de Crédit, ou par les Sociétés organisées d'après cette Loi.

X. — Les Conseillers des Séries « B » et « C » seront désignés par les actionnaires de ces Séries dans les termes déterminés par les statuts de chaque Société. La Banque du Mexique devra dans tous les cas désigner un des Conseillers de la Série « C ».

XI. — Pourront seulement faire partie du Conseil d'administration des personnes ayant une connaissance parfaite et une expérience pratique des affaires de Banque ou Agricoles, ou des techniciens d'une capacité reconnue en matière d'économie rurale.

XII. — En aucun cas ne pourront être nommés membres du Conseil d'administration :

a). Les personnes désignées par élections populaires pour occuper un poste public, pendant tout le temps que leur mandat durera, même si par permission spéciale ou autre raison semblable elles ne l'occupaient pas.

b). Les fonctionnaires et employés publics.

c). Deux ou plusieurs personnes qui seraient, jusqu'au troisième degré, parentes entre elles.

d). Deux ou plusieurs personnes qui administrent, font partie du Conseil d'administration, ou sont employées ou fonctionnaires d'une même Société commerciale.

e). Deux ou plusieurs personnes d'une même Société en nom collectif ou en commandite simple.

f). Les personnes en litige avec la Banque.

XIII. — La rémunération des Conseillers sera de cinquante piastres pour chaque Assemblée, sans que la dite rémunération dépasse trois cents piastres par mois, quelque soit le nombre d'Assemblées auxquelles ils assisteraient. Ils recevront en plus une participation dans les bénéfices de la Banque, signalée par l'alinéa (c) de la fraction XVII de cet article.

XIV. — Le Conseil d'administration aura la faculté intransmissible de résoudre toutes les questions ayant rapport à la constitution et au fonctionnement des Sociétés régionales ou locales de Crédit Agricole et des Unions des Sociétés locales ; d'émettre des bons agricoles ou des bons de caisse et des obligations ou bons hypothécaires ; de passer contrat, au nom de la Société pour des travaux qui, séparément ou ensemble, auraient une valeur supérieure à dix mille piastres ;

d'approuver les projets de morcellement ; les contrats pour l'amélioration et la vente des terrains ; les contrats de colonisation et de travaux permanents d'amélioration territoriale ; la concession à une seule personne ou à une Société de crédits qui, séparément ou ensemble, dépasseraient dix mille piastres ; la réglementation intérieure de la Banque et des Sociétés régionales ou locales de crédit ; la réglementation des opérations de la Banque et des Sociétés, et l'intervention de la Banque dans les Opérations du Registre.

Le Conseil pourra nommer dans son sein, d'après les termes signalés par les statuts, la ou les commissions qui seront nécessaires pour le bon développement des affaires de la Société, et désigner un Comité exécutif qui pourra résoudre, sous réserve de ratification, de ses décisions de la part du Conseil, toutes les questions courantes relatives au fonctionnement régulier de la Société.

XV. — Les Conseillers garantiront leurs fonctions par un dépôt de, chacun, cinq cents actions de la Série « C ».

Surveillance.

XVI. — La surveillance du fonctionnement de la Société sera confiée à deux commissaires, desquels, un sera nommé par les actionnaires de la Série « C » et l'autre par les actionnaires de la Série « B ».

Les paragraphes XII et XIII de cet article sont applicables aux Commissaires.

Bénéfices.

XVII. — Les bénéfices de la Banque seront répartis de la manière suivante :

a). Le 10 % sera séparé pour former le fonds de réserve de la Banque jusqu'à ce que ce fonds atteigne une somme égale au capital versé.

b). On séparera la somme nécessaire pour distribuer aux actionnaires de la Série « C » un dividende, préféré, égal au 6 % du capital versé par les dits actionnaires.

c). De l'excédent, on appliquera le 10 % comme gratification à répartir entre les fonctionnaires et employés de la Banque, et le 5 % comme rémunération aux Conseillers, dans les termes signalés par les statuts.

d). Du reste des bénéfices on appliquera la quantité nécessaire pour payer un dividende de 6 % au capital versé par les actionnaires des séries « A » et « B ». Le total de ces dividendes sera gardé par la Banque et utilisé pour la souscription de nouvelles actions des Séries « A » et « B ».

e). Les sommes qui resteront, après avoir fait les distributions sus-mentionnées, seront distribuées entre les actionnaires de la Série « C », comme dividende additionnel, ou seront portées à un compte spécial, selon ce qui sera décidé par l'Assemblée générale des actionnaires.

Statut général. XVIII. — Les statuts détermineront les règles qui devront régir l'émission des actions, la convocation et le fonctionnement des assemblées, la dissolution et la liquidation de la Société, et le fonctionnement de la dite Société, avec la condition expresse que quelque soit le nombre d'actions de la Série « A », représentées, aucune décision de l'Assemblée ne sera valable si elle n'a pas été approuvée par les dites actions.

CHAPITRE II.

Des Sociétés Régionales de Crédit.

Forme. ARTICLE 3. — Les Sociétés Régionales de Crédit Agricole seront organisées comme Société anonymes ou coopératives, d'après les bases suivantes :

Objet I. — L'objet des Sociétés régionales sera :

a). De faire à leur compte ou par contrat la construction ou l'administration de travaux permanents d'amélioration territoriale ; se charger de l'achat, de la vente et du louage, s'il y a lieu, à leurs associés, des engrais, semences, pieux, bétail, outils et autres articles nécessaires à l'exploitation agricole ; d'organiser ou d'administrer les entreprises régionales de la transformation et de la vente en commun des produits ; et des autres choses qui seraient nécessaires ou convenables à l'amélioration économique de leurs associés.

b). De coopérer avec la Banque Nationale de Crédit Agricole à la réalisation des postulats de cette loi, et en général à réaliser toutes les opérations, faire les contrats et exécuter les actes qui font l'objet de l'institution.

Membres.

II. — Ne pourront être membres des Sociétés régionales que :

a). Les propriétaires, les cultivateurs, les entrepreneurs d'exploitations agricoles qui développent leurs travaux dans une même région géographique ou économique de la République.

b). Les usufruitiers d'eau, les entrepreneurs de production d'énergie électrique, les entrepreneurs de transports, et en général les individus ou groupes d'individus, qui, dans la zone comprise par la Société régionale, soient propriétaires ou administrateurs de terrains, d'eaux, de troupeaux ou entreprises, de n'importe quel genre, dont le fonctionnement affecte les intérêts agricoles régionaux.

III. — Les Sociétés régionales ne pourront se constituer, ni fonctionner sans avoir au moins dix associés.

Capital.

IV. — Le capital minimum des Sociétés régionales sera de $500,000.00 piastres, et les dites Sociétés seront autorisées à émettre des actions pour la quàntité désignée par les statuts ou accordée par l'Assemnlée générale ; à réserver ces actions ou à les mettre sur le marché au fur et à mesure que cela sera nécessaire pour leurs opérations.

Actions.

V. — Les actions seront toujours nominales et auront une valeur de dix piastres chacune et cette valeur scra exhibée dans la forme déterminée par les statuts, sans que, en aucun cas, le premier versement puisse être inférieur au 20 % de la valeur des actions. Les versements postérieurs ne pourront rester sans être liquidés dans un délai supérieur à cinq ans.

VI. — Les actions ne pourront appartenir qu'aux personnes pouvant être membres de la Société, d'après le paragraphe II. Ces actions seront inaliénables et, en aucun cas, ne pourront être grevées, sinon accompagnées des terres, établissements industriels, ou autres droits et circonstances qui, dans les termes du paragraphe mentionné, ont été pris en considération pour permettre à leur propriétaire de faire partie de la Société. Les statuts détermineront les procédés à suivre pour l'admission des associés et pour le rachat des actions quand celles-ci n'appartiendront plus aux personnes qui pourront en être propriétaires. La Banque Nationale de Crédit Agricole aura le droit de s'opposer à l'admission des associés et au rachat des actions.

VII. — Le nombre d'actions de chaque associé sera déterminé en proportion des droits ou des circonstances prises en considération au moment de l'admission en concordance avec le paragraphe II.

Administration.

VIII. — L'administration de la Société sera régie par le Code de Commerce et par ses propres statuts, en plus elle sera toujours soumise aux règles suivantes :

a). Les Conseillers ne recevront aucune rétribution pour leurs fonctions, mais ils seront remboursés des dépenses qu'ils feraient à l'occasion de ces mêmes fonctions.

b). Les Conseillers seront nommés par élection proportionnelle de l'Assemblée générale des actionnaires et un Commissaire, au moins, sera désigné par la même Assemblée sur la proposition de trois personnes, faite par la Banque Nationale de Crédit Agricole.

c). Les alinéas (a), (b), (c), (e), (f) du paragraphe XII de l'article 2 seront applicables aux Conseillers des Sociétés régionales.

d). Les Conseillers devront résider dans la région où la Société opère.

Bénéfices

IX. — Les bénéfices obtenus par la Société seront distribués de la manière suivante :

a). Le 40 % sera séparé pour former le fonds de réserve ordinaire jusqu'à ce que celui-ci soit égal, au mois, au montant du capital versé. Lorsque le fonds de réserve sera constitué, dans les termes du chapitre intérieur, un 5 % des bénéfices annuels sera réservé pour augmenter ou reconstituer ce fonds.

b). Le reste des bénéfices pourra être distribué comme dividende, entre les actionnaires, proportionnellement au capital versé.

Statut général.

X. — Les statuts détermineront la forme de convocation des Assemblées générales et le nombre de voix qui correspondra à chaque actionnaire, la forme et les termes dans lesquels les liquidations devront être faites et les autres renseignements nécessaires à la bonne organisation et au fonctionnement de la Société. La Banque Nationale de Crédit Agricole pourra s'opposer à la dissolution de la Société quand celle-ci aura avec la Banque des Crédits en suspens.

CHAPITRE III.

Des Sociétés locales de Crédit Agricole.

ARTICLE 4. — L'organisation des Société locales de Crédit Agricole sera soumise aux règles suivantes :

Forme.

I. Les Sociétés locales seront organisées comme Sociétés à responsabilité illimitée.

Objet.

II. Les Sociétés auront pour but :

a). De faire à leurs associés des prêts préparatoires, des prêts de relèvement et d'opérer, pour eux comme Caisse d'Epargne.

b). D'organiser l'exploitation agricole dans la localité et d'acquérir pour la vente ou le louage à leurs associés, ou pour l'usage commun entre ceux-ci, les semences, bestiaux, engrais, pieux, outils et machines agricoles ; elle pourra, de même, construire et administrer des magasins, des greniers, des digues, des canaux et faire d'autres travaux permanents d'amélioration territoriale ; établir des entreprises pour l'utilisàtion industrielle des produits agricoles ou pour la vente en commun des dits produits.

c). De réaliser avec leurs associés, avec les Sociétés régionales et avec la Banque Nationale de Crédit Agricole, les opérations de banque que cette loi et les statuts déterminent.

d). De chercher à améliorer, en général, l'organisation économique de leurs associés et leur progrès moral et social.

Membres.

III. — Seules les personnes suivantes pourront être admises comme membres des Sociétés locales :

a). Les communautés agraires existant d'après cette loi.

b). Les propriétaires, possesseurs, fermiers, colons et métayers des terres de la localité, qui cultivent ces terres ou prennent personnellement soin de leur exploitation agricole avec l'aide de leur famille ou d'étrangers, à la condition expresse que le nombre de ces étrangers ne dépasse pas cinq.

IV. — Les membres des Sociétés locales devront avoir leurs terres ou leurs exploitations agricoles dans une même circonscription municipale ou dans deux ou plusieurs circonscriptions de même nature, formant une communauté économique et sociale par leur voisinage, par l'unité de leur culture, par leurs travaux matériels ou leurs voies de communication, ou par l'étroite connaissance personnelle qu'auront les associés entre eux.

V. — Les Sociétés locales ne pourront initier leurs travaux sans avoir au moins vingt associés.

VI. — Les formalités et la procédure qui devront être suivies pour l'admission, la séparation provisoire ou l'exclusion définitive des associés, seront déterminées par les statuts, et il est entendu que l'admission comme associé, sera gratuite et que l'admission, la séparation et l'exclusion des associés seront l'objet d'un examen très scrupuleux fait par la Banque Nationale de Crédit Agricole.

Fonds social et part d'intérêt.

VII. — Les associés devront participer aux opérations sociales et à la formation d'un capital social avec une partie d'intérêts dont le montant sera déterminé par les statuts, en proportion de la valeur moyenne qu'auront annuellement les récoltes, les produits industriels ou, en certains cas, le revenu total de l'associé. Le montant de ces parts d'intérêts pourra être versé par les associés en cinq paiements annuels.

Administration.

VIII. — L'administration de la Société sera organisée d'après les statuts, mais en s'assujettissant dans tous les cas aux bases suivantes :

a). L'autorité suprême de la Société sera l'Assemblée générale des associés, dans laquelle chaque associé aura une voix.

b). Les Assemblées générales auront lieu au moins deux fois par an, mais, s'il est nécessaire, il pourra y avoir des réunions extraordinaires.

c). Il y aura toujours une Commission d'administration qui sera désignée par l'Assemblée générale, d'après le système d'élections proportionnelles.

d). La direction des affaires courantes de la Société sera à la charge d'un des membres de la Commission d'administration, et celui-ci sera le représentant de la Société, avec les restrictions signalées par les statuts et les pouvoirs d'un gérant de Société anonyme.

e). La comptabilité et la caisse des Sociétés, la garde des fonds et des valeurs sociales de même que la réalisation des opérations de crédit devront être confiées, sous la direction du délégué mentionné par l'alinéa précédent, à un Comptable-Caissier, désigné par la Commission de Surveillance, sur la proposition de trois personnes faite par la Banque Nationale de Crédit Agricole.

Surveillance.

f). Il y aura toujours une Commission de Surveillance, composée au moins de trois membres, désignés par l'Assemblée générale d'après le système d'élection proportionnelle. La Commission de Surveillance aura soin que toutes les opérations soient faites en concordance avec cette loi et avec les statuts ; que la Société remplisse ses devoirs ; que les fonds sociaux soient soigneusement placés ; que les associés remplissent leurs devoirs et que les fonctionnaires et employés de la Société fassent efficacement et honnêtement leur travail.

g). Les membres de la Commission d'administration et de la Commission de Surveillance devront être associés, ils ne recevront aucun salaire et pourront être remplacés à n'importe quel moment, de même qu'ils pourront être réélus.

Appel contre la Commission.

h). Les statuts détermineront la forme et les termes dans lesquels les associés pourront appeler, devant l'Assemblée générale, des décisions de la Commission d'administration, et ils pourvoiront à la nomination d'arbitres qui devront décider des questions qui pourront se présenter entre les associés ou entre les fonctionnaires de la Société et dont la solution ne serait pas prévue par les articles de cette loi.

Durée.

IX. — Les Sociétés locales seront constituées pour un délai fixé par les statuts, mais elles pourront se prolonger indéfiniment par une simple décision prise à la majorité des voix de l'Assemblée générale.

Bénéf'ces.

X. — Les bénéfices de la Société seront répartis de la manière suivante :

a). Le 25 % sera, dans tous les cas, réservé pour constituer le fonds de prévision de la Société.

b). Le reste sera appliqué à la formation du fonds social d'exploitation, jusqu'à ce que ce fonds atteigne une somme égale, au moins, au 50 % de la valeur moyenne, en trois ans, des sommes dédiées par la Société, pour faire des prêts préparatoires ou de relèvement à ses associés.

c). Une fois que le fonds social atteindra la valeur ci-dessus mentionnée, on réservera le 10 % des bénéfices annuels pour augmenter le dit fonds social d'exploitation et le reste devra être crédité au compte d'épargne des associés, proportionnellement à la part d'intérêts qui correspondra à chaque associé, selon ce qui est prévu par le paragraphe VII.

Dissolution et Liquidation.

XI. — Les statuts détermineront la manière de dissoudre et de liquider les Sociétés locales ; mais en cas de dissolution ou de liquidation, les sommes existant au fonds d'exploitation et au fonds de réserve ne seront pas distribuées entre les associés mais seront gardées par la Banque Nationale de Crédit Agricole et remises par celle-ci à une nouvelle Société locale s'il s'en forme une d'après les principes de cette loi, et dans le délai d'un an, à compter de la date de la dissolution, ou seront versées par la Banque Nationale de Crédit Agricole, à un fonds spécial qui sera destiné au paiement d'assurances contre les fléaux, épizooties, grêle, et en général contre la perte des récoltes et du bétail ; à la création et au soutien d'institutions d'assistance pour les agriculteurs, pension de retraite pour les agriculteurs âgés, malades ou inutilisés ; ou pour d'autres vues similaires que le Conseil déterminera.

CHAPITRE IV.

Dispositions diverses.

Union des Sociétés locales.

ARTICLE 5. — Lorsque, dans une région, il y aura au moins dix Sociétés locales en fonctionnement, elles pourront se constituer en une Union, qui sera désignée par le nom de la région où elle sera formée. Les Unions de Sociétés locales seront organisées en forme de Société coopérative à responsabilité limitée. Elles auront pour but d'aider au développement de leurs associés, d'être l'intermédiaire entre elles et la Banque Nationale de Crédit Agricole, pour la répartition du crédit que celle-ci leur concédera, et d'opérer comme coopérative pour l'achat, production ou vente, de pieux, semences, bétail, engrais, machine et autres articles, de même que des produits des exploitations agricoles.

Institutions Associées.

ARTICLE 6. — Les Banques Agricoles, d'Escompte, les Magasins Généraux de Dépôt, qui, organisés selon la loi générale relative, après l'approbation préalable de leur bon état financier, et autorisés à cet effet par la Commission Nationale de Banque, pourront opérer avec la Banque Nationale de Crédit Agricole et les Sociétés régionales ou locales de crédit, comme institutions associées à celles de Crédit agricole. Egalement pourront opérer de même, les Sociétés **Sociétés à Responsabilité illimitée.** à responsabilité illimitée qui seront organisées parmi les agriculteurs, pour l'élevage du bétail, pour l'acquisition en commun de semences ou de machines et pour la création d'établissements industriels, pour traiter les produits obtenus par les associés ; la vente en commun de ces mêmes produits, ou pour d'autres fins analogues, au bon jugement de la Banque Nationale de Crédit Agricole.

Constitution.

ARTICLE 7. — Pour la constitution de la Banque, des Sociétés régionales et locales, des Unions des

Sociétés locales et des Sociétés à responsabilité illimitée mentionnées par l'article précédent, il sera suffisant que les associés signent la Formation devant le Conservateur du Crédit, et fassent insérer au registre les statuts de la Société, ainsi que l'acte de la première Assemblée générale des actionnaires.

Règlement pour les Institutions de Crédit Agricole.

ARTICLE 8.— La Banque devra émettre un Règlement qui sera considéré comme faisant partie intégrale des statuts des Sociétés de Crédit Agricole. Ce règlement régira les Sociétés régionales et locales de Crédit Agricole, ainsi que les Unions de Sociétés locales, dans leur organisation, leurs opérations et dans tous les détails non prévus par cette loi. La Banque pourra introduire dans ce Règlement les modifications qu'elle jugera nécessaires, mais cela seulement lorsqu'il y aura, dans la République, au moins dix Sociétés régionales et cinquante Sociétés locales en fonctionnement, et avec l'approbation de la majorité de ces Sociétés. Les Sociétés régionales et locales et les Unions de Sociétés locales ne seront considérées comme constituées et ne pourront fonctionner, que lorsque la Banque Nationale de Crédit Agricole donnera sa conformité de la constitution et des réglements des dites Sociétés.

Approbation pour l'Admission ou le renvoi des membres et nomination des Conseillers.

ARTICLE 9. — L'admission ou le renvoi des associés et la nomination des Conseillers des Sociétés régionales ou locales et des Unions, seront, dans tous les cas, sujettes à l'approbation de la Banque Nationale de Crédit Agricole, et les dits Conseillers, de même que les fonctionnaires et employés des Sociétés, quelque soit le délai pour lequel ils avaient été nommés, pourront être déplacés, à n'importe quel moment, et le seront toujours sur la demande motivée de la Banque de Crédit Agricole, faite dans les termes signalés par les statuts.

Vérification des Comptes et des opérations.

ARTICLE 10. — La Banque Nationale de Crédit Agricole aura le droit le plus étendu de vérifier les comptes, les documents et les opérations des Sociétés régionales, locales et des Unions, d'exiger l'accom-

Responsabilités

plissement des obligations que cette loi prescrit, et des statuts particuliers de chaque Société. La Banque pourra aussi exiger les responsabilités civiles ou pénales auxquelles pourraient s'exposer les administrateurs, les fonctionnaires ou employés de ces Sociétés dans l'accomplissement de leur mandat. Dans le premier cas, la Banque, par ses représentants autorisés, sera considérée comme partie civile dans la procédure pénale. Dans le second, elle sera considérée comme mandataire de la Société ou comme représentant commun des créanciers sociaux. La Banque

Renseignements.

aura, de même, le droit d'exiger des institutions associées ou de Crédit agricole, tous les renseignements qui lui seraient nécessaires.

TITRE   II

Des opérations des Institutions de Crédit Agricole.

CHAPITRE   I.

Des opérations de la Banque de Crédit Agricole.

Opérations avec les Sociétés locales.

ARTICLE 11. — La Banque opérera avec les Sociétés de Crédit agricole selon les règles suivantes :

Compte courant.

I. — La Banque pourra consentir aux Sociétés locales, des prêts en compte courant, dans les termes suivants :

a). La Société locale ne pourra disposer du montant du prêt que pour effectuer des opérations de prêts préparatoires avec ses associés, et pour couvrir, dans la mesure que la Banque autorisera, ses propres dépenses générales.

b). Le compte sera ouvert avec des intérêts différentiels, mais en aucun cas les intérêts calculés sur le solde débiteur ne pourront être supérieurs de quatre points aux intérêts calculés sur le solde créancier.

c). Le total du solde annuel ne pourra en aucun cas excéder le 80 % de la valeur totale, calculée par des experts, de la récolte respective que pourront obtenir les membres de la Société.

d). L'emprunt sera garanti par les droits existant en faveur de la Société sur les résoltes des associés, ou sur les biens auxquels ces droits se rapportent, quand les dits biens se trouveront en possession de la Société, ou déposés dans les Magasins généraux de Dépôts associés.

e). La Société locale pourra disposer du crédit accordé au fur et à mesure qu'elle en justifiera le besoin, au moyen de chèques tirés sur la Banque, ou en proposant à celle-ci d'escompter des lettres de change qui, acceptées par la même société, auront été tirées sur elles par ses associés, comme conséquence des opérations de prêts préparatoires qu'elle aurait contractés avec eux.

Prêts à échéances fixes. II. — La Banque pourra accorder aux Sociétés locales des prêts à échéances fixes, ou bien ouvrir en leur faveur des crédits commerciaux dans les termes suivants :

a). Les Sociétés locales ne pourront utiliser les prêts ou les crédits consentis à leurs associés, qu'en achetant pour le compte de la Société et pour l'usage en commun, la vente ou le louage à leurs associés de pieux, engrais, semences, machines, bétail, outils et autres articles nécessaires à l'agriculture ; ou dans la construction, pour le compte de la Société, de magasins ou d'améliorations permanentes.

b). Le total du prêt ou des crédits accordés à la Société, d'après ce paragraphe, ne devra pas dépasser la valeur des prêts de relèvement que la Société devra faire à ses associés, ou le 80 % du prix, vérifié, des biens pour la construction ou l'acquisition desquels le prêt ou les crédits seront consentis.

c). Le terme de ces opérations sera fixé d'après les règles établies par cette loi pour fixer les termes des opérations de relèvement.

III. — La Banque pourra effectuer avec les Sociétés locales, toutes les opérations de Banque que le Règlement et le Conseil détermineront.

Expertise.

IV. — La Banque de Crédit Agricole fera estimer par un expert qu'elle désignera, la valeur des biens destinés à l'exploitation agricole, de la Société locale ou des associés, la valeur moyenne probable des récoltes que les associés pourront obtenir annuellement, et les autres versements métalliques, dont les mêmes associés pourront disposer pour leur exploitation agricole.

Maximum du Prêt.

V. — La valeur totale des opérations, que la Banque pourra faire avec chacune des Sociétés locales, sera déterminée d'après l'évaluation mentionnée ci-dessus, et, à moins qu'il n'en soit décidé autrement par le Conseil d'administration de la Banque, à la majorité de neuf voix au moins, le total des opérations à faire avec chaque Société locale ne pourra dépasser $50,000.00.

Opérations avec les Sociétés régionales.

ARTICLE 12. — La Banque pourra opérer avec les Sociétés régionales de Crédit Agricole, selon les règles suivantes :

Compte courant.

I. — La Banque pourra consentir des prêts en compte courant aux Sociétés régionales de crédit, dans les termes fixés par le paragraphe I de l'article 2 ; mais cet emprunt ne pourra être utilisé qu'en opérations préparatoires, et ne pourra excéder la valeur qu'auront les opérations de cette nature pratiquées par la Société avec ses associés, dans les termes de cette loi.

Échéance fixe.

II. — La Banque pourra faire aux Sociétés régionales, des prêts à terme fixe, ou ouvrir des crédits commerciaux, quand la Société qui les sollicitera constituera des gages qui vaudront le double du montant du prêt. Le gage pourra être le portefeuille de la Société, des bons de la Dette Agraire, ou autres valeurs semblables.

Prêts d'exploitations.

III. — La Banque pourra consentir aux Sociétés régionales des prêts spéciaux, pour la création et le soutien d'établissements industriels agricoles ; pour la réalisation de l'amélioration territoriale ou pour l'acquisition de bestiaux, pieux, engrais, semences, outils et machines agricoles, si toutefois les établissements agricoles sont exploités par la Société. Pour garantir ces prêts, la Société devra constituer une hypothèque sur ses propres immeubles, ou sur les biens ou produits pour l'acquisition ou l'élaboration desquels le prêt aura été consenti.

Garantie de Bons.

IV. — La Banque pourra garantir les émissions de bons agricoles ou de bons hypothécaires que les Sociétés régionales émettront, à condition que les dites émissions soient faites en principe avec cette loi et les statuts de la Société qui les fera. S'il s'agit de Bons de Caisse ou de Bons Agricoles, les émissions devront être, dans tous les cas, approuvées par le Conseil d'administration de la Banque du Mexique, dans l'exercice de ses fonctions de Commission Régulatrice de la Circulation Monétaire.

La garantie accordée par la Banque du Mexique aura pour effet de garantir le payement de ces Bons à leur échéance, sauvegardant son droit de procéder judiciairement contre la Société qui les aura émis.

Maximum du Prêt.

V. — La Banque pourra effectuer avec les Sociétés régionales toutes les opérations de Banque que le Règlement ou le Conseil détermineront, mais l'ensemble des opérations mentionnées par les paragraphes I et II de cet article, faites avec une même Société régionale, ne pourra, en aucun cas, dépasser le 75 % de la valeur qu'auront les opérations préparatoires et de relèvement faites par la Société avec ses associés. Pour déterminer la valeur des opérations de relèvement, on escomptera de leur total la valeur des Bons Agricoles ou de Caisse, qui émis antérieurement par la Société n'ont pu être rachetés. L'ensemble des opérations mentionnées par les paragraphes I, II, III de cet article, ne dépassera pas pour chaque Société régionale, la somme de $500,000.00, à moins que neuf conseillers au moins n'approuvent les opérations dépassant cette somme.

Opérations avec les Institutions Associées.

ARTICLE 13. — La Banque pourra effectuer, avec les institutions associées à celles de crédit, les opérations suivantes :

Avec les Unions de Sociétés locales.

I. — La Banque pourra effectuer, avec les Unions de Sociétés locales, les opérations mentionnées par les parapraphes I, II, III de l'article 12.

Banques associées.

II. — La Banque pourra leur ouvrir un crédit en compte courant avec, comme garantie, des Bons de la Dette Agraire, ou d'autres valeurs acceptées par la Banque. Ce crédit ne dépassera pas le 60 % de la valeur commerciale de la garantie.

Escomptes d'effets escomptés.

III. — La Banque pourra escompter, en faveur des banques associées, des titres à l'ordre, provenant d'opérations agricoles, et avec échéance ne dépassant pas cent quatre-vingts jours, à compter de la date du nouvel escompte ; escompter les acceptations des Banques associées, quand l'endossement sera d'une personne autre que le tireur.

Le total des opérations mentionnées dans ce paragraphe ne dépassera pas l'actif liquide prouvé de la Banque associée qui les exécutera.

Bons de garantie.

IV. — La Banque pourra accepter en garantie les Bons de Caisse et les Bons Agricoles émis par les Banques associées.

Escompte. Bons de garantie.

V. — La Banque pourra escompter les bons de garantie, émis par les magasins de dépôt associés.

Avec les Sociétés à responsabilité illimitée.

VI. — La Banque pourra opérer avec les Sociétés à responsabilité illimitée associées, en leur consentant des prêts de relèvement suivant les termes du paragraphe II de l'article 2, quand ils seront applicables.

Autres opérations.

VII. — La Banque pourra effectuer toutes les autres opérations qui seront nécessaires, et quand cela sera décrété par le Conseil d'administration de la Banque par la majorité de neuf Conseillers au moins.

Opérations avec d'autres personnes.

ARTICLE 14. — La Banque pourra faire des prêts préparatoires, de relèvement ou immobiliers avec des individus ou des groupes d'individus, autres que les institutions de Crédit Agricole et leurs associés, d'après le chapitre IV de ce même Titre II et avec les bases suivantes :

Intérêt.

I. — Le taux de l'intérêt sera, au moins, d'un point supérieur à celui qui sera signalé par la Banque pour les opérations similaises, faites avec les institutions associées.

Montant du prêt préparatoire.

II. — En cas de prêts préparatoires, le montant des prêts ne dépassera pas le 60 % de la valeur probable de la récolte du débiteur, et en cas de prêts de relèvement n'excédera pas le 50 % de la valeur des biens ou des travaux que l'on doit acheter ou exécuter avec ces prêts.

Maximum.

III. — En aucun cas, l'ensemble des opérations mentionnées par cet article, faites avec un individu, ou un groupe d'individus, ne dépassera pas le 50 % de la valeur des terres du solliciteur, lesquelles resteront, dans tous les cas, comme garantie du prêt, ni le 70 % de la garantie que le solliciteur aura constitué. La valeur totale des responsabilités directes ou indirectes que chacun des individus, ou groupe d'individus aura contracté en faveur de la Banque, ne dépassera pas le 5 % du capital exhibé de la dite Banque.

Frais d'Inspection.

IV. — Le solliciteur devra payer les frais d'inspection permanente, de même que ceux de l'octroi et de l'enregistrement du document respectif et les dépenses qui seraient nécessaires au recouvrement de la dette.

Escompte.

ARTICLE 15. — La Banque pourra escompter des effets de commerce émis par des agriculteurs ou acceptés par eux, avec fins agricoles, si l'échéance ne dépasse pas cent quatre-vingts jours.

Émission de Bons Agricoles.

ARTICLE 16. — La Banque pourra émettre des Bons Agricoles de Caisse, ou des Bons de Caisse, en concordance avec la loi générale des institutions de crédit, et selon les règles suivantes :

Maximum.

I. — Le total de l'émission ne pourra excéder le 60 % des prêts de relèvement, consentis par la Banque au moment de faire l'émission.

Délai.

II. — L'échéance de ces Bons ne sera pas supérieure à un an.

Intérêt.

III. — Le taux de l'intérêt affecté à ces Bons ne sera jamais supérieur de plus d'un point, au taux ordinaire d'escompte, fixé par la Banque du Mexique.

Garantie.

IV. — Pour garantir les Bons émis, la Banque constituera gage sur les droits engagés ou hypothéqués en sa faveur, par les prêts de relèvement consentis par elle.

Bons hypothécaires.

ARTICLE 17. — La Banque pourra émettre des Bons hypothécaires, en concordance avec la loi générale des Institutions de Crédit, et les bases suivantes :

Montant maximum.

I. — Le montant des Bons hypothécaires, émis par la Banque, ne devra jamais être supérieur au 70 % de la valeur des opérations de prêts hypothécaires, faites par la Banque, au moment de l'émission.

Rachat.

II. — Les Bons seront rachetés, par des tirages au sort annuels, dans les proportions fixées par la Banque, qui devra avoir en vue les encaissements à effectuer, en vertu de l'amortissement des prêts hypothécaires qui auront été faits.

Garantie.

III. — Pour garantir l'émission, la Banque engagera les droits hypothécaires constitués en sa faveur, par les opérations de prêts immobiliers, faits avec garantie hypothécaire, mais sans que cette garantie et le calcul de l'émission comprennent les autres crédits hypothécaires constitués en faveur de la Banque, en vertu de prêts d'autres nature, ni les droits hypothécaires qu'elle pourrait avoir sur les propriétés sises dans les villes.

Intérêt.

IV. — Le taux de l'intérêt des Bons hypothécaires ne pourra, en aucun cas, être supérieur de plus d'un point au taux de réescompte fixé par la Banque du Mexique, pour ses opérations ordinaires, à la date de l'émission.

Garantie des Inscriptions au Registre du Crédit.

ARTICLE 18. — La Banque pourra garantir les Inscriptions faites au Registre du Crédit, d'après le Chapitre IV, Titre III, ainsi que les émissions de Bons hypothécaires ou d'obligations, garanties par hypothèques, faites par des particuliers ou des collectivités autres que les Sociétés régionales de crédit, dans les cas fixés par le Chapitre II, Titre III.

Dépositaire des Fonds d'Irrigation.

ARTICLE 19. — La Banque sera le dépositaire des sommes qui constitueront le Fonds National d'Irrigation, qui devra se former d'après les termes de la loi respective, mais sans créditer aucun intérêt sur ces dépôts.

ARTICLE 20. — Un contrat spécial, signé par l'Exécutif Fédéral et la Banque, fixera la compensation que la dite Banque devra obtenir pour ses fonctions de dépositaire du Fonds National d'Irrigation.

ARTICLE 21. — Des bénéfices obtenus, soit par la vente des terres améliorées en conséquence des travaux d'irrigation faits, d'après la loi relative, une moitié correspondra à la Banque, et l'autre moitié devra être employée par la même Banque, dans la souscription d'actions de la Série « A », ou en payement des exhibitions en retard des actions de la même Série.

Préférences aux Opérations avec Sociétés.

ARTICLE 22. — La Banque devra donner la préférence aux opérations à faire avec les Sociétés régionales et locales de crédit, ou opérations faites avec garanties des dites Sociétés, et, dans ce cas, elle devra préférer les prêts préparatoires ou de relèvement, aux prêts hypothécaires.

Autres opérations

ARTICLE 23. — Suivant la loi générale d'Institutions de Crédit, et les conditions déterminées par cette loi, la Banque pourra effectuer, en général, les opérations ressortissant d'une banque d'escompte, ainsi que les autres opérations commerciales référentes à son institution. Dans tous les cas d'émission, ou garantie d'émission, de bons agricoles, hypothécaires ou de caisse, la Banque ne pourra opérer qu'avec le consentement du Ministre des Finances.

CHAPITRE II.

Des opérations des Sociétés régionales.

Prêts préparatoires et d'exploitation.

ARTICLE 24. — Les Sociétés régionales de Crédit Agricole pourront faire à leurs associés des prêts préparatoires et de relèvement, d'après les termes fixes par les articles 47 et 48 ; mais le total de chaque opération, en cas de prêts préparatoires, ne devra pas dépasser le 60 % de la valeur probable de la récolte que le solliciteur pourra obtenir, et en cas de prêts de relèvements, il ne devra pas dépasser le 70 % de la valeur évaluée du bétail, des machines, des outils ou des travaux d'amélioration à acheter ou à faire, ni du 80 % des bénéfices nets que le solliciteur pourra obtenir, au jugement de la Société, dans son exploitation agricole pendant le délai fixé pour le prêt.

En Compte Courant.

ARTICLE 25. — Les Sociétés régionales pourront accorder à leurs associés (pour que ceux-ci, à leur tour, puissent subvenir aux besoins de leur exploitation agricole), des prêts en compte courant, garantis par une autre firme indépendante et de solvabilité reconnue, pour une quantité double de la somme versée par le solliciteur en paiement d'actions de la Société, et pour le quintuple de cette somme, si l'associé donne une garantie suffisante en Bons de la Dette Agraire, ou en autres biens ou valeurs, qui ne soient pas des résoltes ou produits à venir, outils ou machines en usage. Le total du prêt ne devra pas dépasser le 60 % de la valeur qu'aura la garantie constituée par le solliciteur. Les comptes courants mentionnés par cet article seront soldés semestriellement et les crédits accordés sous cette forme pourront être révoqués, par la Société, après avis donné au solliciteur, trente jours à l'avance.

Prêts hypothécaires.

ARTICLE 26. — Les Sociétés régionales pourront, à leurs associés, faire des prêts hypothécaires, d'après les termes de l'article 49, mais le total du prêt ne devra pas dépasser le 75 % du coût des œuvres, ou de la valeur des propriétés, dans la construction ou l'acquisition desquelles le prêt sera employé, selon l'opinion des experts nommés par la Société, et le terme du paiement ne pourra jamais dépasser vingt ans.

Garantie de Bons.

ARTICLE 27. — Les Sociétés régionales pourront garantir les émissions de bons hypothécaires, faites par leurs associés en concordance avec le Chapitre III, Titre III, en se sujettant au règlement du registre.

Émission de Bons.

ARTICLE 28. — Les Sociétés régionales pourront émettre des bons de caisse, des bons agricoles et des bons hypothécaires en suivant les prescriptions de la loi générale d'Institutions de Crédit.

Garantie des Inscriptions.

ARTICLE 29. — Les Sociétés régionales pourront garantir les inscriptions prises dans le Registre du Crédit selon le Chapitre IV, Titre III de cette loi, en s'assujettissant aux dispositions contenues dans le règlement du registre.

Travaux.

ARTICLE 30. — Les Sociétés régionales pourront prendre à leur charge la construction ou l'administration de travaux hydrauliques, magasins, greniers ou autres travaux d'amélioration territoriale de la région, de même que la constitution et l'exploitation d'entreprises industrielles, pour traiter les produits agricoles régionaux, à condition, toutefois, que les obligations imposées par les statuts, soient remplies.

ARTICLE 31. — Les Sociétés régionales pourront effectuer les opérations de banque et commerciales, référentes à leur institution, en se soumettant à cette loi et à la loi générale de crédit, mais elles ne pourront accepter des dépôts pour un délai moindre de soixante jours.

Inversion du Fonds de Réserve.

ARTICLE 32. — Le fonds de réserve qui devra être constitué selon les termes de l'alinéa (a), paragraphe IX de l'article 3, devra être employé par les Sociétés régionales, dans la création de départements spéciaux qui, d'une manière coopérative, feront des opérations d'achat, de vente, ou de louage, spécialement pour leurs membres, de bétail, pieux, outils et machines agricoles ; dans l'établissement et l'entretien d'écoles et d'institutions régionales, d'expérimentation agricole ; dans la formation de départements pour la vente en commun et en forme coopérative, ou suivant le cas, l'utilisation industrielle des produits agricoles de la région ; pour accorder des prêts de préparation à leurs associés et, en général, dans les opérations déterminées par le Conseil d'administration, sous l'approbation de la Banque Nationale de Crédit Agricole, si les opérations constituent des inversions sûres et facilement réalisables par la Société, ou pour des œuvres d'utilité notoire, pour les associés.

Ordre des Prêts. ARTICLE 33. — Quand les fonds disponibles de la Société ne seront pas suffisants pour donner satisfaction à toutes les sollicitudes, présentées par ses associés, la préférence sera donnée, en premier lieu, aux prêts préparatoires, aux prêts de relèvement ensuite et finalement aux prêts hypothécaires, préférant aussi, dans chacune des catégories mentionnées, les opérations qui, à égalité de circonstances ou de garantie, n'auront besoin que des plus petits capitaux.

CHAPITRE III

Des opérations des Sociétés locales de Crédit Agricole.

Prêts préparatoires ou d'exploitation. ARTICLE 34. — Les Sociétés locales de Crédit Agricole pourront faire à leurs associés des prêts préparatoires ou de relèvement, d'après les termes fixés par les articles 47 et 48, mais le montant de chacun des prêts préparatoires ne pourra excéder le 75 % de la valeur probable de la récolte, que le solliciteur pourra obtenir, et le prêt de relèvement ne devra dépasser le coût que, selon l'opinion d'experts, auront les améliorations ou les propriétés, pour l'achat ou l'exécution desquels les prêts seront sollicités. Le déditeur paiera à la Société les intérêts des sommes dont il disposera, à un taux qui, en aucun cas, ne sera supérieur de plus de deux points au taux moyen que la Société a obtenu de la Banque de Crédit Agricole. La Société pourra, en plus, exiger du solliciteur une commission annuelle, pouvant monter jusqu'au 10 % du total du crédit accordé.

Caisse d'Epargne. ARTICLE 35. — Les Sociétés locales pourront fonctionner comme Caisse d'Epargne pour leurs associés, ou pour leurs familles, d'accord avec les statuts desdites Sociétés et les règles suivantes :

I. — Les quantités que les associés ou leurs familles déposeront, seront créditées au compte d'épargne, mais les dépôts annuels ne devront pas dépasser les limites fixées par les statuts de chaque Société.

II. — Les associés ne pourront disposer de leur compte d'épargne, à moins de cas grave, au jugement de la Société, que lorsque le total du dit compte aura atteint ou dépassé $500.00. Dans ce dernier cas, l'associé qui désirerait disposer du solde de son compte d'épargne devra le communiquer à la Société, quinze jours à l'avance.

III. — Le solliciteur ne pourra disposer de son compte dépargne s'il a des comptes en souffrance avec la Société.

IV. — En cas de séparation de l'associé solliciteur, ses dépôts lui sont rendus.

V. — Pour les dépôts en compte d'épargne, la Société créditera un intérêt, dont le taux ne devra pas dépasser 4 % par an. La Société ne pourra pas réduire le taux de l'intérêt qu'elle créditera à un compte d'épargne sans en avertir l'intéressé trente jours à l'avance, lequel pourra, en ce cas, retirer le solde de son compte.

VI. — Les Sociétés devront conserver en caisse, comme réserve de leurs comptes d'épargne, une somme égale au 15 % de la valeur des dépôts reçus, sans prendre en considération pour le calcul de la valeur de ces dépôts, pour les effets de cet alinéa, le total des sommes qui devront être abonnées au compte d'épargne des associés en vertu de l'alinéa (c) du paragraphe X de l'article 4.

VII. — Les Sociétés pourront utiliser les quantités disponibles de leurs comptes d'épargne en prêts, avec garantie, à leurs associés ou aux familles de ceux-ci, dans des délais ne dépassant pas trois mois, et avec intérêt n'excédant pas 8 % par an ; ou accorderont à leurs associés, en compte courant, avec des intérêts différentiels de 3 % et 9 %, des quantités qui ne devront pas excéder le 75 % du total du solde créditeur de l'associé.

VIII. — Les statuts de la Société détermineront les autres règles auxquelles devront être soumis les comptes d'épargne constitués par les familles de ses associés.

ARTICLE. 36. — Les Sociétés locales ne pourront contracter des emprunts avec des institutions autres que la Banque Nationale de Crédit Agricole, ou la Société régionale respective sans l'autorisation de ladite Banque.

Règle des Prêts. ARTICLE 37. — Pour la concession de prêts préparatoires ou de prêts de relèvements, il sera nécessaire d'obtenir les voix de la majorité des membres formant la commission d'administration de la Société et pour la demande des prêts que la Société désirera il sera nécessaire d'obtenir le consentement de la majorité absolue des membres de la dite commission d'administration. Le vote, dans le cas de prêts aux associés sera secret.

Garantie. ARTICLE 38. — Les Sociétés locales pourront escompter, ou donner garantie, dans les limites fixées par les statuts, les effets de commerce émis par leurs associés ou acceptés par eux en raison des affaires de leurs exploitations agricoles, si l'échéance des documents à escompter ou à garantir, n'excède pas six mois à compter de la date de l'escompte ou de l'aval ; que les opérations soient la conséquence de prêts agricoles convenus avec l'associé, et que leur valeur soit comprise dans le total de l'opération respective.

Achat. ARTICLE 39. — Les Sociétés locales pourront faire, pour le compte de leurs associés, des opérations d'achat d'engrais, de semences, de bestiaux, et d'articles ou produits d'industrie agricole.

Achat et Vente. ARTICLE 40. — Les Sociétés locales pourront aussi acheter du bétail, des pieux, des outils et machines agricoles, pour les revendre à leurs associés, ou leur en faciliter l'usage, sous forme de louage, ou sous toute autre forme convenue.

Travaux.

ARTICLE 41. — Les Sociétés locales pourront prendre à leur charge la construction ou l'administration de travaux hydrauliques, ou d'autres travaux permanents d'amélioration territoriale nécessaires aux exploitations agricoles de la localité.

Autres opérations.

ARTICLE 42. — Les Sociétés locales pourront effectuer, d'après les termes du Règlement émis par la Banque Nationale de Crédit Agricole, les opérations de banque ou commerciales propres à la réalisation de leurs projets ; mais elles ne pourront recevoir de dépôts que de leurs associés et avec échéance de soixante jours et plus.

Autres fonctions.

ARTICLE 43. — En plus des fonctions que cette loi signale, les Sociétés locales pourront se charger, avec l'approbation de la Banque de Crédit Agricole, de commissions aboutissant à l'amélioration économique ou morale de leurs associés, cela en concordance avec les statuts et règlements, qu'à cet effet, seront convenus par les mêmes associés, toujours avec le consentement de la Banque. Ces fonctions devront être remplies par des Commissions ou Départements, différents de ceux qui devront remplir les fonctions déterminées par cette loi.

ARTICLE 44. — Les quantités en espèces, que, comme réserves de leurs dépôts, de leurs comptes courants ou autre motif quelconque, posséderont les Sociétés, devront être déposées à la Banque Nationale de Crédit Agricole.

Inversion du fonds d'exploitation.

ARTICLE 45. — On devra rechercher que l'inversion du fonds d'exploitation rapporte suffisamment à la Société pour que son accroissement puisse rendre possible l'indépendance économique de la Société. En conséquence, le fonds d'exploitation de la Société devra être placé dans les opérations mentionnées par l'article 34 ou, selon ce qui est dit dans l'article 40, dans l'achat d'outils, machines ou autres articles de travail, pour être revendus ou loués aux associés ; ou dans l'achat en commun de semences, pieux, étalons ou exemplaires sélectionnés, pour l'élevage de basse-cour ou de bétail ; ou dans les diverses entreprises que la Commission d'administration déterminera, avec l'approbation de la Commission de surveillance et de la Banque Nationale de Crédit Agricole.

Inversion du fonds de prévision.

ARTICLE 46. — Les placements de fonds de prévision devront avoir des buts pécuniers pour la Société, mais en même temps d'utilité commune pour les associés. En conséquence, le dit fonds de prévision pourra être employé pour prendre des assurances collectives sur la vie, des assurances contre les accidents du travail, ou dans des pensions de retraites. Ce fonds pourra être employé dans la formation de fonds spéciaux destinés pour prendre des assurances collectives contre incendie, fléaux, épizooties, grêle, sécheresse et en général contre la perte des récoltes et des grains ; dans la construction et soutien d'écoles locales, d'institutions d'assistance aux associés ou d'autres établissements de bienfaisance que les mêmes associés détermineront, à la majorité absolue de l'Assemblée générale, et avec l'autorisation de la Banque Nationale de Crédit Agricole. Les biens formant le fonds de prévision ne seront jamais affectés, sinon par les responsabilités des opérations faites avec ces mêmes biens. Ils ne pourront être saisis pour répondre des opérations non réalisées dans le placement ou l'administration du fonds de réserve. Ces biens n'entreront pas non plus dans l'actif, en cas de faillite de la Société, mais ils seront sauvegardés par la Banque Nationale de Crédit Agricole, selon les dispositions du paragraphe XI de l'article 4.

CHAPITRE IV.

Dispositions diverses

<table>
<tr><td>Conditions
du Prêt
préparatoire.</td><td>ARTICLE 47. — Les opérations faites par les Institutions de Crédit Agricole seront sujettes aux dispositions suivantes :</td></tr>
<tr><td>Emploi du prêt.</td><td>I. — Le total du prêt sera exactement employé par le débiteur pour couvrir les frais de culture et de récolte.</td></tr>
<tr><td>Destination du prêt.</td><td>II. — Les prêts de préparation ne pourront être faits qu'aux propriétaires des terres, ou aux personnes les cultivant quand ceux-ci pourront prouver légalement qu'ils ont droit à la culture des terres pour un délai supérieur d'au moins un an au terme pour lequel le prêt serait accordé.</td></tr>
<tr><td>Montant</td><td>III. — Le montant du prêt sera déterminé en tenant compte de la valeur probable de la récolte du solliciteur, et sans dépasser le prix du coût moyen, dans chaque localité, des produits pour la culture desquels le prêt est sollicité, comprenant, pour calculer ce prix de coût des productions, dans le cas des personnes auxquelles se réfère l'alinéa b du paragraphe III de l'article 4, les frais normaux nécessaires pour l'entretien de la famille du solliciteur.</td></tr>
<tr><td>Délai.</td><td>IV. — L'échéance du prêt sera fixée selon la durée des cultures pour lesquelles le prêt est sollicité, sans que, en aucun cas, le dit délai ne dépasse dix-huit mois.</td></tr>
<tr><td>Délivrance.</td><td>V. — Le montant du prêt sera remis au solliciteur au fur et à mesure que les besoins des travaux le justifient.</td></tr>
<tr><td>Moyen de disposer.</td><td>VI. — Le solliciteur pourra disposer de la somme prêtée au moyen de reçus ou chèques, tirés à la charge de l'institution qui aura consenti le prêt ou en proposant l'acceptation, l'escompte, l'endos ou l'aval des lettres de change qu'il aurait tirées ou acceptées en</td></tr>
</table>

faveur de ses pourvoyeurs de semence, d'outils, de
marchandises ou autres articles nécessaires à la
culture, à l'entretien de son exploitation agricole ou,
suivant le cas, en paiements de loyer ou d'impôts.

VII. — Dans le second cas mentionné dans le paragraphe antérieur, les lettres que l'institution accep-
tera, escomptera, endossera ou garantira, devront
avoir une échéance calculée de manière que, en aucun
cas, la dite échéance dépasse le terme fixé pour la
durée du prêt préparatoire.

Garantie.

VIII. — L'emprunt sera, dans tous les cas, garanti
par les récoltes pour la production desquelles on l'aura
employé, quelque soit la personne qui en serait propriétaire, et par les récoltes suivantes, obtenues par
le débiteur, jusqu'à la liquidation totale de la dette,
et des charges qu'il pourrait y avoir selon le Chapitre I,
Titre III. S'il s'agit d'une opération directe, avec la
Banque Nationale de Crédit Agricole, on pourra
donner la garantie d'une Société régionale de crédit.
Dans tous les cas il sera stipulé que, si pour n'importe
quelles causes, qui ne seraient pas la perte fortuite
des récoltes, le débiteur ne remboursait pas le prêt
en temps opportun, l'institution créancière sera su-
brogée aux droits que le débiteur aurait pour cultiver
les terres, dans le cas qu'il ne serait pas leur propriétaire ; ou elle pourra les donner pour leur culture, à
la personne désignée par elle, en loyer, en métayage
ou en colonie, selon les usages de la région, jusqu'à
ce que le total de la dette, garantie par les produits,
soit remboursé.

Intérêt.

IX. — Le taux de l'intérêt convenu pour ces opérations, sera débité des soldes que le débiteur disposera, ou sera pris proportionnellement comme taux
d'escompte ou commission d'après les dispositions
que le solliciteur aura prises suivant le paragraphe **V**
de ce même article. L'institution créancière pourra
débiter, en plus le compte du solliciteur, pour la con-

cession du crédit et sur son total une commission de 1 % par an.

Dépôt en magasins.

X. — Au moment des récoltes, pour la production desquelles le prêt a été accordé, l'institution créancière pourra exiger que les dites récoltes soient déposées dans les magasins généraux et, dans ce cas, la dite institution soldera le compte respectif procédant d'un prêt préparatoire, au moyen de la remise de bons de garantie correspondants.

Accumulation par défaut de paiement.

XI. — Si le débiteur ne pouvait rembourser l'emprunt, soit à cause de perte totale ou partielle de ses récoltes ou pour toute autre raison semblable, le solde non remboursé dans l'année s'ajoutera au total du nouvel emprunt de préparation que le débiteur pourra obtenir de la Société.

Conditions des Prêts d'exploitation.

ARTICLE 48. — Les opérations de prêts de relèvement faites par les institutions de Crédit Agricole seront soumises aux règles suivantes :

Emploi.

I. — L'emprunt devra être exclusivement employé par le débiteur pour le labourage des terres, l'achat de bétail pour la reproduction, de harnais, engrais, semences, pieux, outils et machines agricoles, à la plantation de cultures temporaires ou permanentes ; à la construction de travaux d'amélioration territoriale, dont la valeur pourra être amortie en peu de temps ; à l'établissement et à l'entretien de fabriques et ateliers pour la transformation industrielle des produits agricoles, dans la création d'agences ou départements pour la vente en commun des produits obtenus par les agriculteurs ; ou dans d'autres entreprises similaires, d'organisation et d'amélioration agricole qui, au jugement de la Banque Nationale de Crédit Agricole, pourront être entreprises, et dont le prix pourra être amorti dans un délai ne dépassant pas l'échéance fixée pour l'opération.

Montant.

II. — Le total des prêts de relèvement sera fixé d'après le prix du bétail, des machines, outils ou produits pour l'achat desquels il doit être employé ;

du coût des constructions, des cultures ou des plantations qui doivent être effectuées ; des nécessités vérifiées des établissements d'industrie agricole ou des entreprises pour l'établissement ou l'entretien desquelles l'emprunt sera employé. En aucun cas le total du prêt accordé ne dépassera le 70 % des bénéfices nets, que le solliciteur, selon l'examen d'experts, pourra obtenir dans ses entreprises pendant le délai fixé pour l'opération.

Délai.

III. — L'échéance des prêts ne pourra jamais dépasser cinq ans et, chaque fois que cela sera possible, on devra admettre l'amortissement de l'emprunt en annuités ; l'institution créancière pouvant différer les deux premières et les accumuler aux suivantes, quand les travaux pour lesquels l'emprunt est destiné le justifieront.

Disposition.

IV. — Les débiteurs pourront disposer de l'emprunt selon les paragraphes VI, VII et IX de l'article 27.

Garantie.

V. — Dans tous les cas, l'emprunt sera garanti, en faveur de la Société, par les cultures que le débiteur obtiendra ; par les outils, machines, bétail employés dans l'exploitation agricole, ainsi que suivant le cas, par hypothèque prise sur les immeubles, pour l'amélioration, l'achat ou l'entretien desquels le prêt devait être destiné, les prêts de relèvement pourront aussi être garantis, par des dépôts de valeurs que la Banque Nationale de Crédit Agricole désignera pour cet effet. Dans le cas où le débiteur aurait des emprunts faits par la Société, et en souffrance, antérieurement ; on estimera seulement affecté à la garantie du prêt de relèvement, l'excédent qui résultera, les prêts préparatoires payés, de la valeur des récoltes.

VI. — Lorsque les produits agricoles ou les récoltes du débiteur seront déposés dans les magasins généraux associés, celui-ci pourra couvrir l'amortissement annuel, correspondant, en remettant à l'institution créancière les documents respectifs.

Conditions du Prêt Immobilier.

ARTICLE 49. — Les prêts immobiliers faits par institutions de Crédit Agricole s'effectueront d'après les règles suivantes :

Emploi.

I. — Le total de l'emprunt sera employé, par le débiteur dans l'achat, le morcellement, ou la colonisation des terrains ; dans la construction d'œuvres permanentes d'amélioration territoriale ; dans la construction d'établissements destinés à l'industrie agricole ou pour les autres buts agricoles que jugera la Banque Nationale de Crédit Agricole.

Montant.

II. — Le total de l'emprunt sera fixé en concordance avec le prix de coût vérifié que, selon le jugement d'experts, auront les œuvres ou propriétés pour la construction ou l'achat desquelles l'emprunt sera employé, et dans tous les cas il y aura à tenir compte de toutes les possibilités sur lesquelles le débiteur pourra compter pour rembourser l'emprunt à l'échéance stipulée, et la part disponible des bénéfices que le même débiteur pourra obtenir dans son exploitation agricole ou dans l'entreprise pour laquelle l'emprunt a été sollicité ; en aucun cas le total du prêt n'excédera le 80 % des travaux que l'on doit faire ou des propriétés que l'on doit acheter.

Délai.

III. — L'échéance de l'opération ne dépassera jamais vingt-cinq ans.

Forme du paiement.

IV. — Le remboursement devra se faire par amortisssments annuels, mais l'Institution Créancière pourra consentir, lorsque la nature du prêt le justifiera, que les premiers amortissements soients différés, et ajoutés aux postérieurs, lesquels devront être liquidés dans le temps employé pour la construction des œuvres ou la préparation des entreprises pour lesquelles l'emprunt sera accordé, sans que, dans aucun cas, on puisse différer plus de cinq amortissements annuels.

Garantie.

V. — L'emprunt sera, dans tous les cas, garanti par hypothèque prise sur les propriétés, pour l'acquisition ou la construction desquels on l'emploiera, sur les terrains, pour la colonisation, le morcellement, l'aliénation desquels on a obtenu l'emprunt, ou sur les maisons pour l'amélioration desquels l'emprunt sera employé.

Biens non grévés de charge.

VI. — Le prêt ne pourra être obtenu que, selon ce qui est prévu par le Chapitre II, Titre III, lorsque les propriétés qui doivent être hypothéquées, seront inscrites au nom du solliciteur, au Registre du Crédit Agricole, sans aucune charge, et que l'on ait obtenu la déclaration qu'ils ne sont pas affectés par des responsabilités agraires.

Disposition et Inspection.

VII. — Le débiteur pourra disposer de la valeur du prêt qui lui aura été accordé, au fur et à mesure qu'il en justifiera son emploi, et l'Institution Créancière aura toujours le droit d'exiger que le prêt soit employé expressément dans les buts pour lesquels il a été contracté. A cet effet, elle pourra faire les inspections qu'elle jugera nécessaires, aussi bien sur les œuvres que dans la comptabilité du débiteur.

TITRE   III

Des garanties réelles et du Registre Public du Crédit Agricole

CHAPITRE   I.

De la Garantie

Dépôt de Garantie.

ARTICLE 50. — Pour les opérations qui seront faites par les Institutions de Crédit Agricole, avec des gages comme garantie, on pourra convenir que les dits gages ou les droits correspondant à eux, demeurent en possession du débiteur, en considérant celui-ci, aux fins de la responsabilité civile ou pénale, comme dépositaire judiciaire des dits gages.

Diminution de la valeur de la garantie. Si la valeur des dits gages diminuait de 25 %, cette valeur ne consistant pas en récolte ou en produits à venir, ou en propriétés acquises par le prêt que les gages garantissent, l'Institution Créancière pourra demander l'amélioration de la garantie et le débiteur sera obligé de l'améliorer, dans le laps de vingt-quatre heures, sous peine de voir l'échéance du prêt considérée comme échue, et la valeur du dit prêt exigible immédiatement.

On pourra aussi effectuer les opérations qui devront se faire avec des gages comme garantie, comme des avances faites sur la valeurs desdits gages. En conséquence, sur les documents relatifs à l'opération, on fera toutes les inscriptions nécessaires, et on accomplira les formalités nécessaires pour que l'Institution Créancière acquière les droits du débiteur, cette acquisition restant sujette à la condition expresse que le débiteur devra payer sa dette à son échéance.

Vente de la garantie. Dans tous les cas, les Institutions de Crédit Agricole, lorsque un crédit consenti avec garantie sur gages, sera échu et non remboursé, pourront, par l'intermédiaire de deux agriculteurs ou commerçants de la ville, vendre les gages donnés en garantie, au prix courant, sur le marché de la vente ; et si, après avoir couvert le crédit de l'institution il restait quelque excédent, l'Institution le mettra à la disposition du débiteur.

Garantie des cultivateurs. ARTICLE 51. — Dans le cas de prêt préparatoire ou de relèvement faits par les Institutions de Crédit Agricole, la garantie respective pourra être constituée par le cultivateur des terres, même s'il n'était pas leur propriétaire, à moins que dans le cas où le cultivateur serait locataire, colon ou métayer, le contrat respectif inscrit au registre du Crédit Agricole, le propriétaire ou l'entrepreneur de l'exploitation se soient réservé le droit de donner leur consentement pour la constitution de la garantie.

Droit de préférence sur la garantie.

ARTICLE 52. — La garantie constituée selon les dispositions de cette loi et inscrite au Registre Public du Crédit Agricole, donnera à l'Institution Créancière la préférence pour le recouvrement de son crédit, sur les propriétés faisant l'objet de la garantie, et dans le cas de faillite du débiteur, fera que les propriétés comprises dans le contrat soient exclues de la masse, selon les termes du paragraphe XI de l'article 999 du Code de Commerce.

Dépôt dans les magasins généraux.

ARTICLE 53. — Quand la garantie consistera en récoltes ou produits agricoles à venir, au moment de la récolte ou après l'élaboration des dits produits, ces récoltes et produits faisant l'objet de la garantie seront déposés dans les magasins généraux de dépôt, à la demande du débiteur ou du créancier, et sauf accord contraire les frais d'emmagasinage et les autres frais que cette opération pourrait originer seront à la charge de celui qui en a fait la demande. Dans le cas mentionné par cet article et à moins que le créancier serait d'accord à substituer la garantie constituée dans le contrat, par le bon de garantie que le magasin de dépôt délivrerait, on notera, sur le certificat de dépôt, ainsi que sur le bon de garantie respectif, les charges pour lesquelles répondent les biens déposés. A la date que les biens seront déposés dans le magasin, d'après cet article, le débiteur cessera dans ses obligations de dépositaire judiciaire des gages donnés en garantie.

CHAPITRE II.

De l'Hypothèque.

Hypothèque avec garantie de la Banque.

ARTICLE 54. — Les membres des Sociétés locales ou régionales de crédit pourront constituer, dans les termes de cette loi, des hypothèques sur leurs propriétés, avec la garantie de la Banque Nationale de Crédit Agricole, ou de la Société régionale respective. A cet effet, et en plus des exigences signalées par ce chapitre, la Banque ou la Société qui garantira l'émission, auront soin que le total du prêt, son placement ou son emploi soient soumis aux dispositions de l'article 49 et à celle du règlement.

Division de l'Hypothèque.

ARTICLE 55. — Les crédits hypothécaires constitués par les Institutions de Crédit Agricole, en leur faveur ou avec leur garantie, en concordance avec cette loi et avec leur règlement respectif, pourront être divisibles pour permettre l'expédition de titres. Ces titres, ou bons représenteront la participation de ceux qui les possèdent, au crédit hypothécaire dont il s'agit.

Bons hypothécaires.

ARTICLE 56. — On devra anoter dans les contrats d'émission de bons hypothécaires :

Nombre et valeur des Bons

I. — Le nombre et la valeur de ces bons, le taux de l'intérêt qu'ils rapporteront, les dates de leur échéance et, suivant le cas, la date, les conditions et la manière de les amortir.

Emploi.

II. — L'emploi qui devra être fait des bons produits par l'émission, par la conservation, l'exploitation ou l'amélioration de la propriété rurale hypothéquée, suivant les termes du paragraphe I de l'article 49.

III. — La forme de nommer un représentant commun, des possesseurs de bons, et la forme de la substituer dans ses absences absolues ou temporaires.

IV. — L'Institution de Crédit Agricole qui garantira l'émission et les termes de la garantie.

Conditions d'amortissement par tirage au sort.

ARTICLE 57. — On ne pourra convenir que les obligations soient amorties au moyen de tirages au sort, à un type supérieur au type nominal, ou avec des primes ou prix, à moins de remplir les deux conditions suivantes :

I. — Que l'intérêt qu'il y aurait à payer aux possesserus de bons ne soit pas inférieur au 4 % annuel.

II. — Que la quantité périodique qui, selon le contrat devrait être destinée à l'amortissement des obligations et de leurs intérêts, soit la même pendant tout le temps stipulé pour l'amortissement.

Maximum de crédits hypothécaires.

ARTICLE 58. — Le capital de crédits hypothécaires, représenté par des bons, ne pourra excéder le 50 % de la propriété hypothéquée ; estimation faite par la Société régionale ou la Banque Nationale de Crédit Agricole qui garantiraient le crédit.

ARTICLE 59. — Les hypothèques garantissant des crédits représentés par des bons seront régies par le Code Civil du District Fédéral, dans tout ce qui ne s'oppose pas aux préceptes de cette loi ou du règlement du registre.

Détenteurs de Bons.

ARTICLE 60. — Les détenteurs de bons, se réuniront en Assemblées chaque fois qu'ils seront cités par leur représentant commun, ou par les teneurs du 25 % des bons émis, ou par la Banque Nationale de Crédit Agricole ou par la Société régionale qui aura garanti le crédit de l'émission.

Assemblée des créanciers.

ARTICLE 61. — La constitution, le fonctionnement et les facultés de l'Assemblée des créanciers seront régies par les règles déterminées par le contrat d'émission et par celles, fixées par le règlement du registre.

Surveillance de l'Inversion.

ARTICLE 62. — Le représentant commun des créanciers aura le droit de surveiller les fonds obtenus par l'émission des bons afin qu'ils soient employés dans les buts pour lesquels on a contracté le crédit, de recouvrer les intérêts et le capital, octroyant les annulations partielles ou totales qui en procèdent, et de représenter en justice, par lui-même ou par fondé de pouvoirs, les teneurs de bons, dans tout ce qui se réfère à l'exercice de leurs droits collectifs.

ARTICLE 63. — Si le représentant commun n'exerçait pas les droits mentionnés dans l'article précédent, la Société régionale ou la Banque Nationale de Crédit Agricole qui auraient garanti le crédit hypothécaire pourraient le substituer.

Vente extrajudiciaire.

ARTICLE 64. — Le représentant commun des créanciers, la Société régionale, ou la Banque Nationale de Crédit Agricole, suivant le cas, pourront recouvrer le crédit, en initiant la procédure respective ou faisant vendre extrajudiciarement la propriété hypothéquée. Dans ce cas, on désignera deux agriculteurs ou deux courtiers de l'Etat où se trouveraient sises les propriétés. Ceux-ci feront savoir aux propriétaires qu'ils mettront les propriétés en vente, et cela fait, les proposeront jusqu'à trouver acheteur. Il suffira que l'écriture de vente faite avec le concours de l'acheteur, des agriculteurs ou des courtiers mentionnés, soit expédiée avec le concours des dites personnes et du représentant des créanciers, et de la Société, ou de la Banque qui auraient garanti le crédit.

Réclamations de capital et d'intérêt.

ARTICLE 65. — Les règles déterminées par les articles antérieurs, ne privent pas les détenteurs de bons du droit de procéder individuellement pour obtenir le remboursement de ce qui leur correspondrait comme intérêt et part de capital.

CHAPITRE III.

Du Registre Public du Crédit Agricole.

ARTICLE 66. — Les bureaux à la charge desquels se trouvera le Registre du Commerce, devront avoir une Section spéciale, avec Registres et Archives, pour les opérations de Crédit Agricole, selon les bases suivantes :

Registre Central.

I. — Le Registre du Commerce de la Ville de Mexico sera le Bureau Central et conservera les Archives Générales du Registre du Crédit.

II. — Les inscriptions qui seront faites au Registre, seront communiquées aux autorités compétentes, pour leur transcription dans les registres locaux, soit, suivant le cas, dans le Registre de la Propriété ou dans celui du Commerce.

III. — La Banque Nationale du Crédit Agricole et les Sociétés régionales ou locales pourront intervenir dans les Inscriptions du Registre, suivant le Règlement qu'expédiera le Ministère des Finances, dans les termes de cette loi.

Inscription des Acte constitutifs des Institutions de Crédit.

ARTICLE 67. — Feront matière d'inscription dans le Registre du Crédit :

I. — L'acte de constitution et les statuts de la Banque Nationale de Crédit Agricole, des Sociétés régionales, des Sociétés locales, des Unions de Sociétés locales et des Sociétés à responsabilité illimitée, auxquelles se réfère l'article 6 ; les modifications apportées aux statuts, suivant le cas, les actes se référant à l'augmentation ou à la diminution du nombre des associés.

Contrats de louage.

II. — Les contrats de louage, de colonisation, de métayage ou autres similaires, qui auront rapport aux biens ou terres étant ou devant être affectés à des opérations de Crédit agricole.

Contrats de vente ou d'achat

III. — Les opérations d'achat ou de vente, les autres actes, décisions ou contrats, limitant, transférant ou modifiant la propriété, la possession ou l'usufruit de droits réels, terres, eaux, constructions, travaux hydrauliques ou toute autre œuvre permanente d'amélioration territoriale, qui seraient affectées à des opérations de Crédit Agricole.

Concessions.

IV. — Les concessions faites par les Pouvoirs Publics, pour l'usage ou l'usufruit des eaux, pour des buts agricoles.

Bornage et Libération.

V. — Les certificats d'arpentage et de bornage faits d'après les termes de cette loi, ainsi que les certificats de libération.

Contrats de travaux hydrauliques.

. VI. — Les contrats de construction ou d'administration d'œuvres hydrauliques, ou des œuvres d'amélioration territoriale.

Contrats de colonisation et de morcellemènt.

VII. — Les contrats de colonisation et de morcellement.

Hypothèques en faveur des Inst. de C. A.

VIII. — Les hypothèques qui, d'après les termes de cette loi seront prises par, en faveur, et avec garantie, des Institutions de Crédit Agricole.

Contrats de garantie.

IX. — Les contrats de garantie faits par les Institutions de Crédit Agricole.

Contrats de prêt.

X. — Les contrats de prêts de préparation, de relèvement, ou immobiliers, signés par les Institutions de Crédit Agricole.

Bons agricoles Hypothécaires.

XI. — Les émissions de Bons agricoles, de Bons de Caisse ou d'obligations ou Bons hypothécaires, faites en concordance avec cette loi.

Obligations en faveur des Inst. de C. A.

XII. — Les obligations de ne pas vendre, ni grever des biens déterminés, en leur possession ou en leur jouissance, mais en faveur des Institutions de Crédit Agricole, que prendraient les membres deces Sociétés.

Autres actes ou contrats.

XIII. — Les autres actes ou contrats similaires déterminés par le Règlement.

Inscription au registre.

Procédure.

ARTICLE 68. — L'inscription au registre devra se faire en vue de la déclaration ou des contrats relatifs et le Conservateur devra exiger, lorsqu'il ne s'agira pas de documents publics, deux duplicatas, autorisés dans la même forme que l'original, et exiger que ies signatures des documents soient reconnues devant lui, en présence de deux témoins. Dans ce dernier cas, le Conservateur remettra un des exemplaires au Registre du chef-lieu du District Judiciaire correspondant, et l'autre au Bureau Central du Registre.

Conservateurs faisant fonction de Notaire.

ARTICLE 69. — Quand ils seront autorisés par le Règlement, les Conservateurs pourront remplir les fonctions de notaires pour l'octroi des documents devant être inscrits au Registre du Crédit: A cet effet, ils se soumettront aux règles suivantes :

4 copies.

I. — Les contractants souscriront, en présence des Conservateurs et de deux témoins, quatre copies, pour le moins, du document qu'ils désirent octroyer, le signent dans la marge de chacune des feuilles et au bas du document.

Autorisation.

II. — Le Conservateur autorisera avec sa signature et son sceau, toutes les feuilles du document, signant, à la fin et avec les témoins, une déclaration où il fera constater que le document a été souscrit devant lui

Comment on la fait.

et qu'il était certain de l'identité des octroyants et de leur capacité pour l'octroyer, que, suivant les cas, il a eu en vue et collationné soigneusement tous les documents dont la transcription totale ou partielle devra se faire dans le document par lui autorisé.

Distribution des copies.

III. — Le Conservateur conservera dans ses archives une des copies souscrites devant lui, en enverra une pour être archivée au Bureau du Registre correspondant au chef-lieu du District Judiciaire respectif et en remettra une autre aux Archives générales du Registre de la Ville de Mexico.

Expédition. Témoignages.

IV. — Les Conservateurs pourront expédier témoignage des documents octroyés devant eux, et à la demande des intéressés, quand les dits documents existeront dans leur archive et que deux témoins en donneront foi, ainsi que de leur exact collationnement avec l'original.

Qualités requises pour être témoins.

V. — Les témoins mentionnés dans cet article devront habiter depuis longtemps la localité où le document sera octroyé, connaître personnellement les parties, et en aucun cas ne devront être employés du Registre ou du Conservateur.

Effets des documents.

ARTICLE 70. — Les documents expédiés devant les Conservateurs du Crédit en conformité avec l'article antérieur, auront tous les droits et charges que la loi confère aux écritures publiques.

ARTICLE 71. — Chaque fois qu'il sera nécessaire

Modification et transmission de propriété.

d'enregistrer des documents relatifs à la transmission ou modification de la propriété on devra faire et archiver les plans d'après les termes et avec les spécifications signalées par le Règlement.

Copies des instructions.

ARTICLE 72. — Les inscriptions du Registre seront publiques, et les Conservateurs devront en expédier des copies certifiées, chaque fois qu'on le leur demandera.

Effet légal des inscriptions.

ARTICLE 73. — L'inscription des documents au Registre aura pour effet que les dits documents produisent leur effet légal, à compter de la date de leur inscription, sans qu'ils puissent être invalidés par d'autres documents antérieurs ou postérieurs non enregistrés.

Le défaut de registre ne nuit pas à un tiers.

ARTICLE 74. — Les documents qui, conformément à cette loi, devraient être enregistrés, et ne le seraient pas, produiront seulement leurs effets entre les signataires ; mais ils ne pourront produire des dommages à un troisième, lequel pourra en profiter lorsqu'ils lui seront favorables.

Effets depuis la date de l'Inscription.

ARTICLE 75. — Les documents qui, conformément aux lois communes, doivent être inscrits au Registre Public de la Propriété ou du Commerce, produiront leurs effets depuis la date de leur inscription au Registre du Crédit.

Inscriptions des biens immeubles ou des droits effectifs.

ARTICLE 76. — Quand l'inscription se référera à des immeubles ou à des droits effectifs constitués sur eux, l'inscription sera prise au Registre des localités où sont situés lesdits immeubles.

Données requises pour l'inscription des droits de propriété ou effectifs.

ARTICLE 77. — Quand il s'agira d'inscrire pour la première fois au Registre Public du Crédit Agricole de droits de propriété, de jouissance ou de possession de biens fonds, ou de droits effectifs, l'inscription devra se faire en vue, et en tenant compte des renseignements du certificat des charges, expédiées gratuitement et dans les cas signalés par le Règlement, par le ou les Registres publics de la Propriété où les biens seront inscrits.

ARTICLE 78. — L'inscription se fera d'après les dispositions mentionnées dans les paragraphes VI et

VII de l'article 82 et produira seulement ses effets contre un troisième que lorsqu'elle sera faite avec la garantie d'une institution de Crédit Agricole. Dans ce cas, si, après avoir fait l'inscription on intentait une procédure judiciaire en revendication des biens, ou droits, objets de l'inscription, seront considérés comme parties dans le procès : la Banque ou les Sociétés régionales ou locales, avec la garantie desquelles on a pris l'inscription discutée, et si la sentence est prononcée à la faveur de la personne qui a commencé la procédure en revendication, celle-ci n'aura droit d'exiger de la Banque ou de la Société qui auraient donné leur garantie, qu'une indemnisation payable en vingt ans, sans intérêts, et pour une somme égale à la valeur que, au jugement d'experts, auraient eu les biens, matière de la revendication, au moment où l'on a pris au Registre l'inscription garantie.

ARTICLE 79. — Si, dans le cas mentionné par l'article antérieur, la personne réclamant ne prétendait pas la revendication des biens inscrits, mais plaiderait l'existence en sa faveur de charges constituées antérieurement à l'inscription et dûment enregistrées, on considérera, dans le jugement respectif, et comme parties, la Banque ou la Société de crédit qui auraient donné garantie et si les charges affectaient d'autres propriétés distinctes de celles faisant matière de l'inscription, et si le Tribunal donne raison au demandeur, l'autorité jugeant les rapports des experts nommés par les parties, ou nommés par la même autorité, dans le cas où les parties ne les eussent pas nommés dans le délai fixé par le règlement, ou que les dits experts n'eussent pas accepté leur nomination, le Tribunal devra déclarer la partie proportionnelle des charges correspondant aux biens, matières de l'inscription garantie, et seulement pour cette partie on pourra procéder en contre du possesseur des terres, de la Société ou de la Banque qui auraient garanti l'inscription.

Modification et Rectification. Comment les faire.

ARTICLE 80. — Quand il y aura à faire soit une modification, soit une rectification dans les inscriptions du registre pour cause d'erreur matérielle ou de rédaction, on pourra y procéder, si toutes les parties intéressées consentent à la rectification, manifestant leur conformité se sujettant au même procédé qui aura été suivi pour octroyer les documents formant la base de l'inscription. On pourra aussi faire la rectification selon la sentence prononcée par le Juge local de la plus haute hiérarchie, suivant, à cet effet, les procédés établis par le Code de Commerce, ayant comme défendeur le Conservateur du Registre. Lorsque la rectification se référera à des inscriptions garanties, par les termes de cette loi, par des institutions de Crédit Agricole, l'institution ayant garanti l'inscription sera considérée comme partie dans le procès. Dans les cas de rectification, le Conservateur devra donner les mêmes avis qui lui sont exigés pour l'inscription.

Emolûments des Conservateurs. Tarifs d'inscription et autorisation.

Dépenses, frais d'expertise.

ARTICLE 81. — Le Ministère des Finances fixera les émoluments des Conservateurs, les tarifs des inscriptions au Registre et ceux qu'il faudra appliquer pour l'autorisation et la légalisation des documents. La Commission Nationale Agraire, avec l'approbation du Ministère des Finances, fixera les tarifs qui régiront les frais d'expertise, dans le cas de l'article 83.

CHAPITRE IV.

Des Inscriptions spéciales.

Inscriptions spéciales.

ARTICLE 82. — Les membres d'une Société locale ou régionale de Crédit qui seraient en possession de terres pourront demander au Conservateur qu'il fasse l'inscription en leur nom des biens possédés, suivant les règles suivantes :

Information devant le juge. Qui doit intervenir.

I. — Les solliciteurs devront demander au Juge de la plus haute hiérarchie que, sous l'intervention de l'agent du Ministère public ou du magistrat qui devrait le substituer, conformément à la loi locale, des représentants des Sociétés Locales de Crédit respectives, ou suivant les cas du Représentant de la Banque Nationale de Crédit Agricole, qu'il reçoive les informations de trois témoins, pour le moins, et habitants de l'endroit où seront situées les terres possédées.

Publication d'avis par le juge avec extrait de la demande.

II. — Le Juge fera publier tous les dix jours, trois avis dans le Bulletin du Registre et dans le journal de la plus grande circulation de la localité ou du chef-lieu du District judiciaire auquel appartiennent les dits biens, et à défaut de journal, fera afficher les avis, trente jours suivis, dans les endroits les plus fréquentés de la localité. Dans ces avis, on exposera brièvement la demande du solliciteur.

Convocation par l'autorité judiciaire des possesseurs de biens grevés ou enregistrés sous un autre nom.

III. — Si, dans le Registre de la propriété, les terres faisant matière de la demande étaient enregistrées au nom d'une troisième personne, ou s'il apparaissaient des charges sur les dites terres, l'autorité judiciaire devra citer devant elle les intéressés, au moyen de citations personnelles, s'ils sont habitants de la localité, ou s'ils y ont un administrateur, ou un fondé de pouvoirs ; par lettre recommandée, avec avis de réception si tout en n'étant pas compris dans le cas antérieur, on connaît leur domicile ; ou par des publications faites en concordance avec les dispositions du paragraphe II.

Information sur les antécédents de possession ou de propriété.

IV. — L'information devra comprendre les déclarations faites sur le fait de la possession et sur les dispositions remplies pour servir de base à la prescription acquisitive, ainsi que sur l'origine de la possession. Les antécédents de la possession ou de la propriété des terres auxquelles l'information se réfère, et tous les faits prescrits par le solliciteur dans sa demande.

Comparution devant le juge pour éclaircissement de l'information.

V. — L'information sera reçue trente jours après la dernière publication, accompagnée de toutes les formalités habituelles pour l'audition des témoins, et le Juge qui la recevra, ainsi que les autres personnes mentionnées dans le paragraphe I, ainsi que celles qui auraient fait opposition à ladite demande, pourront confronter les déclarants avec le solliciteur, et leur faire toutes les questions qu'il estimerait nécessaires, pour l'éclaircissement des faits, objets de l'information.

S'il y a opposition, mais plus de 20 ans de possession, on fait l'inscription

VI. — S'il n'y avait pas d'opposition à la demande, et si les personnes mentionnées par le paragraphe I, réunies en Assemblée, décident au vote secret que l'information rendue accrédite le fait de possession paisible, continue et publique, du solliciteur ou des habitants durant plus de vingt ans, ou s'ils décident que la même information accrédite le fait de la possession tranquille, continue, publique et de bonne foi, par le solliciteur, et durant plus de dix ans ; on en prendra acte, en quatre expéditions, et sous l'in-

Acte servant de titre.

tervention de l'autorité judiciaire, pour le faire constater, et après avoir fait le bornage et l'arpentage desdites propriétés, lorsque cela sera nécessaire, on enregistrera l'acte au Registre du Crédit, délivrant à l'intéressé, comme titre de propriété, une copie de l'acte enregistré et on utilisera les trois autres dans la forme prévue par l'article 69.

Propriété pour plus de 5 ans.

VII. — Si, d'après les termes de l'article précédent, on déclare que l'information accrédite la possession paisible, publique, de bonne foi et à juste titre, durant plus de cinq ans, on agira comme pour le cas du paragraphe précédent.

Le Magistrat donnera connaissance de toutes les oppositions à la demande.

VIII. — Le Magistrat qui recevra l'information devra recevoir aussi toutes les informations ou oppositions formulées contre la demande du solliciteur, jusqu'au moment de la réunion de l'Assemblée prévue par le paragraphe VI.

Délai pour l'action judiciaire.

IX. — Si l'Assemblée décidait que, d'après les termes du paragraphe VI, il y aurait opposition fondée aux titres de propriété, à l'inscription publique ou privée en vigueur au Registre public de la Propriété ou du Crédit, on déclarera terminée la procédure signalée par cet article, signalant à l'opposant un délai qui ne pourra être supérieur à six mois, ni inférieur à trois, pour commencer contre le solliciteur l'action judiciaire correspondante et si, passé le délai fixé par l'opposant, le procès contre le solliciteur n'était pas commencé, et si celui-ci était en possession des terres, on continuera jusqu'à sa conclusion, et comme si l'opposition n'eut pas été formulée, la procédure établie par cet article.

Audience pour opposition.

X. — Si l'Assemblée estime que l'information rendue ne prouve pas les faits du paragraphe VI, elle déclarera la procédure terminée, à moins qu'il n'y ait opposition fondée aux titres de propriété ou aux inscriptions en vigueur au Registre. Dans ce cas, le Magistrat ayant reçu l'information à la demande de l'opposant, et sous l'intervention de l'Agent du Ministère Public, ou de la personne qui conformément à la loi devra le substituer, recevra, en audience publique, faite dans un délai de trente jours, les preuves rendues par l'opposant, et s'il les considère justifiées et donnant droit à l'opposant, lui donnera la possession immédiate des terres, objet de la procédure, tout en sauvegardant les droits que le solliciteur pourrait exercer par la voie judiciaire.

Opposition fondée sur la propriété. Délai pour l'action judiciaire.

XI. — Si l'opposition en possession est fondée sur de meilleurs droits et que l'Assemblée déclare que l'information prouve les faits du paragraphe VI, on agira dans la forme prévue par le paragraphe IX, dans l'intelligence que le délai fixé à l'opposant ne poura être supérieur à trois mois, ni inférieur à trente jours.

Audience.

XII. — Si l'opposition en possession est fondée avec de meilleurs droits, et que l'Assemblée déclare que l'information ne prouve pas les faits articulés par le paragraphe VI, on procédera avec l'opposant, d'après les termes signalés par le paragraphe X.

Résolutions.

XIII.— Les résolutions de l'autorité judiciaire, pour

les cas auxquels se réfèrent les paragraphes VI et VII, ne pourront être soumis aux Cours d'Appel que lorsque l'inscription sollicitée l'autorise. Ces jugements pourront être exécutés aussitôt, si leur bénéficiaire se compromet à ne pas vendre, ou grever les terres, objet du jugement, faisant enregistrer la déclaration correspondante. On pourra appeler des jugements signalés par les paragraphes IX, X, XI et XII dans la forme prévue par le paragraphe antérieur, et pour leur exécution, leur bénéficiaire devra constituer caution suffisante d'une Compagnie organisée conformément à la loi respective.

Les membres de Sociétés peuvent demander des certificats de libération.

ARTICLE 83. — Les membres des Sociétés locales ou régionales de Crédit, les propriétaires de terrains ou leurs possesseurs suivant les termes des paragraphes VI et VII, IX à XII de l'article antérieur, pourront demander à la Commission Nationale Agraire et aux Gouvernements locaux, par l'intermédiaire de la Société locale ou régionale, dont ils font partie, qu'il soit déclaré, si leurs terres sont ou non affectées pour des dons ou des restitutions de terrains communaux, de même que, en cas affirmatif, on fixe la responsabilité qui pour cela leur correspondrait. A cet effet, on remplira les dispositions suivantes :

Procédure.

La Société transmet la demande à la Banque.

Celle-ci à la B. C. A. Agricole.

Délai pour rapport préalable.

I. — Aussitôt qu'un membre d'une Société locale ou régionale aura formulé sa demande, la Société le fera connaître par écrit à la Banque Nationale de Crédit Agricole, en donnant les noms de la propriété, son emplacement, sa juridiction, le nom du propriétaire et les autres renseignements indispensables pour la situer. Avec cette demande, la Banque Nationale de Crédit Agricole, comparaîtra devant la Commission Nationale Agraire, qui par les renseignements qu'elle possède dans sa Direction Technique et ceux qu'elle demandera à ses Délégués correspondants, devra, dans un délai de quinze jours, formuler un rapport énumératif des villages limitrophes qui auraient déjà reçu possession provisoire ou définitive des terrains de la propriété dont il s'agit ; de même le nom de ceux qui, pour être limitrophes ou immédiats, pourraient postérieurement affecter ladite propriété.

II. — Le rapport préalable sera remis à un Commissionné spécial de la Banque, lequel, accompagné d'un représentant de la Commission Nationale Agraire spécialement désigné pour cette commission, parcourra les villages de ceux qui, sans avoir demandé de terres communales, en auraient besoin ou laisseraient entendre qu'ils pourraient demander plus tard des terres dont il s'agit, et dans un délai de quinze jours, à compter de la date du rapport préalable, on fera la déclaration que existant une demande de prêt formulée par le propriétaire des terres dont il s'agit, on accorde un délai de trente jours pour, d'après les dispositions de la loi du 6 janvier 1915, l'article 27 de la Constitution et du Règlement Agraire en date du 10 avril 1922, on formule les demandes en dons ou restitutions des terres communales correspondantes.

Délai pour demandes de dotation et restitution de terres.

III. — Pour les effets de la notification, le Délégué correspondant de la Commission Nationale Agraire, convoquera préalablement le ou les villages dont il s'agit à une assemblée publique, dans laquelle les représentants de la Banque et de la Commission Nationale Agraire, exposeront l'objet de l'Assemblée, en prendront acte, en signalant avoir accompli la formalité de la notifiaction. Cet acte ratifié par écrit sera affiché dans un endroit public. La date de l'acte servira de base pour compter les trente jours, auxquels se réfère le paragraphe II de ce même article.

Acte de notification.

IV. — Si, dans le délai d'un mois, auquel se réfère le paragraphe II, on présentait des demandes de dotations ou de restitutions de biens communaux, de la part d'un ou de plusieurs villages, ces demandes seront préférées et les Commissions Locales Agraires,

Les demandes seront préférées;

Délai pour laisser les dossiers prêts à l'examen.

auxquelles correspondent leur marche, devront demander immédiatement l'aide technique du Délégué correspondant à l'effet que dans le délai de trente jours, on recueille tous les renseignements relatifs aux Circulaires 15 et 32 de la Commission Nationale Agraire, et que les dossiers soient prêts à être examinés, cela devant se faire dans les huit jours de la date à laquelle le propriétaire a par écrit présenté ses objections, renonçant au délai de trente jours que lui accorde l'article 22 réforme du Règlement Agraire en vigueur. Pour ce dernier effet, les objections présentées aux recencements, devront être ratifiées et rectifiées dans un délai non supérieur à huit jours, par les Représentants de la Banque de Crédit Agricole et de la Commission Nationale Agraire.

Villages limitrophes.

V. — D'après les mêmes termes mentionnés dans le paragraphe antérieur, les Commissions Nationales Agraires correspondantes devront étudier la situation dans laquelle se trouvent respect aux biens communaux, les villages limitrophes ou immédiats qui, sans avoir fait de demandes en dotation ou en restitution, pourraient avoir besoin des terres de la propriété dont il s'agit, alors les Commissions Agraires devront agir pour ces villages selon ce qui est indiqué par le paragraphe antérieur, même lorsqu'elles n'auraient pas reçu des dits villages de demandes en dotation ou en restitution.

Sentence de la Commission locale agricole et des Gouverneurs.

VI. — Les dossiers étant suffisamment formés pour être jugés en première instance par la Commission Nationale Agraire, dans les dix jours après le jugement, les remettront au Gouverneur de l'Etat et dans les dix jours suivants au renvoi du dossier, modifié par tous les dossiers qui sont compris dans la disposition contenue dans l'article 27 du Règlement Agraire du 10 avril 1922.

Notification au Comité Particulier exécutif.

VII. — Les Gouverneurs devront retourner les dossiers résolus par eux, dans le délai de cinq jours à partir de la date de la Résolution et la Commission locale Agraire le notifiera immédiatement au Comité Particulier exécutif correspondant pour que celui-ci donne provisoirement la possession des terrains restitués, ou en dotation, suivant les cas déterminés par la résolution respective. Les dossiers, accompagnés des plans et des documents respectifs de l'acte de la remise provisoire, seront remis à la Commission Nationale Agraire, pour les effets de l'article 8 de la loi du 6 janvier 1915, dans les huit jours qui suivront la date du jugement en première instance.

Envoi des dossiers et des places.

VIII. — Les dossiers de cette nature, remis au Délégué de la Commission Nationale Agraire, devront être envoyés ensuite avec le rapport réglementaire, à la Commission Nationale Agraire, dans les dix jours où ils auront été reçus par le Délégué. Le Rapporteur de la Commission Nationale Agraire, auquel correspondra leur étude, les revisera et les mettra en état d'être jugés par la Commission Nationale Agraire, dans le délai de quinze jours. Celle-ci, lorsque le propriétaire renoncera par écrit, au délai de trente jours que lui concède l'article 28 du Règlement Agraire, pour présenter des réclamations, jugera lesdits dossiers, dans le délai de huit jours, et les soumettra pour leur jugement définitif à la considération de M. le Président de la République.

Délai pour le Rapporteur de la C. N. A.

Réclamations.

Exécution de préférence de la Résolution présidentielle.

IX. — Les résolutions du Président de la République, seront exécutées de préférence, et par le Délégué respectif, dans un délai de trente jours, à dater de la réception des copies, et la Commission

Nationale Agraire, aussitôt qu'elle aura revisé les documents de remise définitive, accompagnés du plan respectif, le communiquera à la Banque de Crédit Agricole.

Notification à la Banque.

X. — Les dossiers relatifs aux villages limitrophes qui ont des fonds de terres, sur lesquels existent des réclamations de libération ou qui aient été instaurés antérieurement à la date à laquelle la libération est demandée, seront soumis à la procédure signalée par les paragraphes V et IX.

Les dossiers antérieurs continueront cette procédure.

XI. — Cinq jours après que les Gouverneurs des Etats auront prononcé la dernière sentence sur les dossiers présentés en concordance avec les paragraphes IV, V et VI de cet article, on devra expédier un certificat constatant que, à part les villages auxquels se réfèrent les dossiers jugés, il n'y a pas de villages immédiats ou limitrophes aux terres dont il est question, qui demandent ou aient besoin de restitution ou dotation de terres communales.

Expédition d'un certificat constatant qu'il n'y a plus de demandeurs.

XII. — La Commission Nationale Agraire, dans le cas où le rapport mentionné par le paragraphe I prouve qu'il n'y a pas de village limitrophes ou immédiats ou, dans le cas contraire, une fois que tous les dossiers seront jugés et ayant en vue le certificat dléivré par le Gouverneur de l'Etat auquel correspond le village, lequel certificat fait constater qu'il n'y a aucuns villages qui demandent ou aient besoin de biens communaux, soit en dotations, soit en restitution, expédiera à son tour un certificat constatant que la propriété dont il s'agit, n'est affectée par aucune résolution agraire, dans le sens de dotation ou restitution de biens communaux, et ce certificat, mentionnant la superficie de la propriété devra être enregistré au Registre du Crédit et servira à la Banque Nationale de Crédit Agricole de base pour ses opérations ultérieures.

Expédition d'un certificat de libération de responsabilités agraires.

ARTICLE 84. — Si la Commission locale Agraire, ainsi que les autres autorités auxquelles il correspon-

Si l'on ne suit pas la procédure les dossiers

seront considérés comme négativement révolus.

dra de connaître en première instance un dossier formé d'après les termes de l'article qui précède, ne remplissaient pas les dispositions de cet article dans les termes établis par lui, ou si les Gouverneurs n'expédient pas dans les délais prescrits les certificats auxquels se réfèrent le paragraphe XI, la Commission Nationale Agraire considérera comme jugées en forme négative les demandes respectives en dotations ou restitutions de biens, et comme expédié le certificat respectif, et ordonnera que son Délégué correspondant recueille aussitôt les dossiers et continue la procédure dans la forme établie par cette loi.

Responsabilité officielle pour défaut d'accomplissement.

ARTICLE 85. — Le non-accomplissement des dispositions de cette loi, de la part des fonctionnaires de la Commission Nationale Agraire sera motif de responsabilité officielle pour eux.

Certificats irrévocables pour 20 ans.

ARTICLE 86. — Les certificats de libération, expédiés en concordance avec cette loi, seront irrévocables, et si après un délai de vingt ans il se formait, d'après les dispositions légales alors en vigueur, un nouveau centre de population, qui pourrait affecter les terrains inclus dans le certificat de libération,

En cas de nouvelle population la Banque et les Sociétés seront parties.

dans la procédure d'expropriation, seront considérées comme parties la Banque Nationale de Crédit Agricole et les Sociétés locales ou régionales, desquelles seraient associés le propriétaire ou le possesseur des terrains. Les terrains qui, suivant les termes de cet

Les nouveaux terrains seront affectés aux crédits.

article seraient livrés aux bénéficiaires du nouveau centre de population, resteront proportionnellement affectés aux crédits qui, pour leur amélioration, auraient été accordés par la Banque Nationale de crédit agricole ou par les Sociétés régionales ou locales.

TITRE IV

Dispositions Générales

CHAPITRE I.

Interdictions.

Interdictions de Prêts au Gouvernement Fédéral aux Etats, et aux Conseils municipaux..

ARTICLE 87. — Il est interdit à la Banque Nationale de Crédit Agricole :

I. — De consentir des prêts au Gouvernement Fédéral, au Gouvernement des Etats et aux Conseils municipaux.

... de prêts sans garantie suffisante.

II. — De faire des opérations de prêts ou d'escompte, sauf ce qui est établi pour les autres institutions de crédit agricole, ou leurs associées, sans garantie, en gages, suffisante, ou deux signatures de solvabilité reconnue et indépendante entres elles.

... de recevoir des dépôts à moins de 60 jours.

III. — Recevoir des dépôts à moins de soixante jours vue. Seront exceptés de cette prohibition les dépôts constitués dans la Banque par les Sociétés régionales et locales et les Unions de Sociétés locales ; ainsi que les dépôts faits à la Banque par ses débiteurs, des quantités reçues par elle en qualité d'emprunt, les dépôts constitués par le Gouvernement Fédéral, et ceux provenant du fonds National d'Irrigation.

... d'accorder des prolongations de délais.

IV. — D'accorder prolongation au délai consenti dans les opérations ordinaires de prêts ou d'escompte, quand les dites opérations n'ont pas une garantie suffisante, à moins que le contraire ne soit accordé par le Conseil d'administration, par au moins neuf de ses membrès.

V. — D'accorder prolongation des délais consentis ou renouveler les documents respectifs, dans les opérations de prêts de relèvement, à moins que le contraire ne soit accordé par le Conseil d'administration, par au moins neuf de ses membres.

VI. — D'accorder prolongation des délais consentis ou renouveler les documents respectifs dans les opérations de prêts préparatoires, à moins que la prolongation ou le renouvellement ne soient demandés pour cause de perte des récoltes ou des cultures du débiteur sans qu'il y ait faute de sa part.

VII. — D'accorder plus d'une prolongation, ou admettre plus d'un renouvellemnet de documents, sauf le cas mentionné dans le paragraphe antérieur, sans que les débiteurs amortissent pour le moins le 50 % de leur dette.

... de prêter à des personnes demeurant hors de la République.

VIII. — De consentir des prêts à des personnes demeurant au dehors de la République.

... d'ouvrir des crédits pour plus du triple du capital exhibé.

IX. — Ouvrir des crédits, par acceptation, pour plus du triple de son capital exhibé, ou pour des quantités surpassant le total des opérations de relèvement ou préparatoires que la Banque aurait faite.

Caution de garantie illimitée.

X. — D'accorder des garanties pour une quantité illimitée.

Garantie pour plus du triple du capital exhibé.

XI. — De garantir des émissions de Bons agricoles, de Bons de Caisse ou Hypothécaires, ou des dividendes ou intérêts pour une quantité excédant le triple du Capital Social exhibé.

Opérations individuelles pour plus de $250.000,00.

XII. — De faire des opérations par lesquelles un personne ou une Société résulteraient envers la Banque, responsables de quantités dépassant $250,000.00, exception faite des opérations autorisées par au moins neuf membres du Conseil d'administration, et celles convenues avec les autres institutions de Crédit agricole ou leurs associés, lesquelles opérations, seront régies par les dispositions des articles relatifs de cette loi.

Opérations individuelles plus grandes de 10 0/0 du capital exhibé de la Banque.

XIII. — D'accepter des responsabilités, directes ou indirectes d'une même personne ou Société, pour des opérations qui, isolées ou réunies à d'autres opérations connexes, dépasseraient le 10 % du capital exhibé de la Banque. Exception faite pour les opérations faites par la Banque, avec les Institutions de Crédit Agricole et leurs associés.

Accepter ou payer à découvert.

XIV. — D'accepter ou payer des lettres de change à découvert, sauf ce qui est prescrit pour les crédits en acceptation, ou payer ou certifier des chèques, dans les mêmes conditions.

Intérêts pénaux supérieurs au 2 0/0 annuel.

XV. — De stipuler avec ses débiteurs des intérêts penaux à un taux supérieurs au quart du taux stipulé au moment de l'opération, ou à un taux supérieur au 2 % annuel, quand il s'agira d'opérations ne portant pas intérêt avant leur échéance.

Donner en garantie son portefeuille.

XVI. — De donner en garantie son portefeuille, ou les bons émis ou à émettre, et de contracter des obligations sur eux.

Inversions en valeurs non cotées.

XVII. — De prendre fermes, ou de faire des placements sur des titres ou des valeurs non cotées dans les Bourses officielles, ou qui n'auraient pas payé de dividendes dans aucunes des cinq années antérieures à la date à laquelle on prétend faire les opérations. Exception sera faite des dispositions signalées dans ce paragraphe, pour les opérations faites par la Banque, pour le développement du crédit agricole dans la République, ed garantissant des actions d'autres institutions de Crédit Agricole, ou prenant ou escomptant des Bons agricoles de Caisse ou Hypothécaires, émis ou garantis par lesdites institutions de Crédit Agricole, ou par leurs associés. Dans le cas de souscription d'actions émises par d'autres institutions de Crédit National, la Banque ne pourra souscrire ou acheter sous aucun prétexte, des actions pour une valeur dépassant le 10 % du capital exhibé des institutions faisant l'émission.

Prohibitions aux Sociétés régionales de Crédit.

ARTICLE 88. — Les dispositions contenues dans les paragraphes I, III, IV, V, VI, VII, VIII, X, XIV et XV de l'article antérieur sont applicables aux Sociétés régionales, mais lorsque lesdites dispositions exigeront les voix de neuf Conseillers au moins du Conseil d'administration, on exigera que lesdites opérations des Sociétés régionales se fassent à la majorité absolue des membres de son Conseil.

Autres prohibitions spéciales aux Sociétés régionales.

ARTICLE 89. — En outre, il est prohibé aux Sociétés régionales :

I. — D'ouvrir des crédits par acceptation pour plus du double de leur capital exhibé, ou pour des sommes dépassant le total des opérations de prêts préparatoires ou de relèvement que la Société aurait consentis.

II. — D'accorder leur garantie pour des émissions de Bons hypothécaires, pour des quantités dépassant le total de son capital social exhibé.

III. — De faire des opérations de prêts ou d'escomptes avec des personnes ou des collectivités non-associées.

IV. — De faire des opérations par lesquelles une personne ou une Société résulteraient ou pourraient résulter, responsables envers la Société de sommes dépassant le 10 % de son capital exhibé, à moins que n'en décide autrement son Conseil, à la majorité absolue des voix, sous l'autorisation de la Banque Nationale de Crédit Agricole.

V. — De donner son portefeuille en garantie, exception faite du cas signalé par le paragraphe II de l'article 12.

VI. — De donner en garantie les Bons émis par elle, ou de contracter des charges sur eux.

VII. — D'acheter ferme ou de faire des placements sur des titres ou valeurs qui n'auraient pas été préalablement approuvés par décision de la Banque Nationale de Crédit Agricole.

Prohibitions aux Sociétés locales de Crédit. ARTICLE 90. — Les dispositions prévues dans les paragraphes I, IV, V, VI, VII, X, XIV et XV de l'article 87 sont applicables aux Sociétés de Crédit, mais lorsque lesdites dispositions exigeront les voix de neuf Conseillers, on exigera que les opérations des Sociétés locales se fassent à la majorité absolue des membres de leur Commission d'administration. Egalement, seront applicables aux Sociétés locales les dispositions contenues dans les paragraphes I, III, V et VII de l'article précédent.

CHAPITRE II

Dispositions diverses.

**Renseignemen^u
sur les prêts aux
Conseils ou
Commissions
d'administra-
tion.**

ARTICLE 91. — Pour chaque opération, les Gérants ou Directeurs de la Banque Nationale de Crédit Agricole, devront soumettre au Comité exécutif, aux Comités spéciaux, ou aux Conseils ou Commissions d'administration, tous les renseignements qu'ils auront sur les solliciteurs de crédit.

**Evaluation
d'expertise
préalable aux
prêts.**

ARTICLE 92. — Chaque fois qu'il s'agira d'effectuer une opération de crédit dont le total devra être fixé en rapport du prix de coût de la production, du prix de construction ou d'achat de propriétés déterminées, il sera indispensable, pour que l'opération puisse se réaliser, d'en faire faire l'évaluation correspondante par au moins un expert d'une capacité reconnue.

**Achats obliga-
toires d'actions
Séries « C »
pour l'obtention
de prêts.**

ARTICLE 93. — Les personnes ou institutions qui solliciteraient des prêts de relèvement ou immobiliers de la Banque Nationale de Crédit Agricole, devront souscrire, au moment de déterminer l'opération, des actions de la Série « C » et pour une quantité non moindre du 5 % du total du prêt qui leur sera concédé, prorogé ou renouvelé et les personnes sollicitant des prêts de préparation, ainsi que les Sociétés régionales pour les prêts en comptes courants, qu'elles recevraient de la Banque, devront souscrire des actions de la Série « C » pour une somme égale au moins au 1 % du total du prêt qui leur sera concédé‘ prorogé ou renouvelé.

**Les Conseillers
ne peuvent être
débiteurs.**

ARTICLE 94. — Les Conseillers de la Banque ne pourront pas faire d'opérations d'après lesquelles ils résulteraient ou pourraient résulter débiteurs de l'Institution. Néanmoins, la Banque pourra effectuer des opérations de réescompte ou des opérations avec les Sociétés régionales ou locales, quoique par ce fait il en résulterait une responsabilité commerciale envers un Conseiller, si toutefois les opérations ont été approuvées à l'unanimité des voix du Conseil. Les fonctionnaires et employés de la Banque Nationale de Crédit Agricole ne pourront effectuer aucune opération par laquelle ils pourraient être, directement ou indirectement, responsables envers la Banque. Ils

ne pourront non plus représenter devant elle aucune personne ou Société.

ARTICLE 95. — Les Conseillers des Sociétés régionales, les membres des Commissions d'administration ou de la Commission de Surveillance, des Sociétés locales et les fonctionnaires et employés de ces Sociétés, ne pourront effectuer des opérations avec l'Institution dont ils font partie, que si lesdites opérations sont approuvées à la majorité absolue des membres du Conseil d'administration et des Commissaires, pour les Sociétés Régionales ou de la Commission d'administration, et de la Commission

de Surveillance, pour les Sociétés locales. Si un des membres du Comité qui décide des prêts, était intéressé dans une opération, on devra former, dans les Sociétés régionales ou locales, un Comité spécial qui étudiera et résoudra la demande correspondante.

ARTICLE 96. — Quand il sera nécessaire que la Banque ou les Sociétés régionales ou locales admettent ou s'adjugent, en paiement de leur crédit, des propriétés foncières ou des droits réels, des marchandises des établissements commerciaux, industriels ou agricoles, des actions ou des valeurs que la Banque ou les Sociétés ne peuvent acquérir, selon le paragraphe XV de l'article 87 ou VI de l'article 89 ; elles seront obligées de les revendre le plus tôt possible, et si, passé un an de la date de l'acquisition, la vente ne s'effectuait pas, elles les mettraient aux enchères publiques, soit en lots, soit ensemble, à moins que par des circonstances spéciales le Ministère des Finances n'autorise la prolongation du délai mentionné.

ARTICLE 97. — Les crédits constitués originellement en faveur de la Banque auront préférence sur tous les autres, à l'exception des crédits appelés de domaine, fiscaux, de garantie, hypothécaire ou de relèvement, dûment enregistrés antérieurement et de ceux constitués originellement en faveur de la Banque du Mexique.

Les Commissaires des Sociétés régionales et les Comptables des Sociétés locales donneront des renseignements à la Banque.

ARTICLE 98. — Les Commissaires des Sociétés régionales qui seront nommés sur la proposition de la Banque Nationale de Crédit Agricole, et les Comptables-Caissiers des Sociétés locales, devront donner à la Banque tous les renseignements et détails qu'elle pourrait leur demander, et ils seront obligés de lui communiquer toutes les irrégularités ou défauts qu'ils remarqueraient dans les opérations, dans les documents, dans la comptabilité, et en général dans le fonctionnement des Sociétés dont ils font partie. A cet effet les Commissaires et Comptables-Caissiers susmentionnés auront, en plus des facultés que cette loi leur confère, le droit de reviser, avec la plus grande liberté, les livres de comptabilité, la correspondance, et en général toutes les opérations de la Société .

Ils auront le droit de reviser les documents et les opérations de la Société.

Comptabilité des Sociétés locales assujéties à la Banque.

ARTICLE 99. — Les Comptables-Caissiers des Sociétés locales, devront spécialement se soumettre aux dispositions que la Banque émettra sur le système de comptabilité et des documents des opérations, s'assurant, dans chaque cas, que les formalités de cette loi, de leur règlement et des statuts de la Société, dont ils font partie, soient remplies, surtout en ce qui concerne les évaluations, mémoires, contrôle de l'emploi que l'on fait des emprunts obtenus, et la constitution des garanties nécessaires aux opérations.

Les Sociétés régionales et les Unions des Sociétés locales seront soumises à l'approbation de la Banque pour leur bilan général annuel.

ARTICLE 100. — Les Sociétés locales et régionales et les Unions de Sociétés locales suivant le cas, devront établir chaque année un bilan général de leurs opérations, et envoyer le dit bilan, ainsi que les balances formées mensuellement à la Banque Nationale du Crédit Agricole. Les rapports et balances contiendront tous les renseignements que la Banque estimera nécessaires pour que le public puisse se faire une idée claire de la situation financière de l'institution respective.

ARTICLE 101. — La Banque Nationale de Crédit Agricole publiera mensuellement un état général de ses opérations, et le bilan général de son actif ou passif au 31 décembre de chaque année. Les balances et bilans généraux devront être certifiés par des experts comptables d'une compétence reconnue, et publiés dans deux journaux au moins et choisis parmi ceux de la plus grande circulation dans la capital de la République.

ARTICLE 102. — Les bilans de la Banque contiendront, au moins les renseignements suivants :

Actif :

I. — Capital non exhibé.

II. — Existences en numéraire.

III. — Titres ou valeurs immédiatement réalisables.

IV. — Placements avec déclaration de leur nature.

V. — Prêts en comptes courants aux Sociétés locales.

VI. — Prêts à terme ou crédits commerciaux ouverts aux Sociétés locales.

VII. — Prêts en comptes courants aux Sociétés régionales.

VIII. — Crédits à terme ou crédits commerciaux ouverts aux Sociétés régionales.

IX. — Prêts de relèvement aux Sociétés régionales.

X. — Prêts consentis ou crédits ouverts aux Unions des Sociétés locales.

XI. — Prêts en comptes courants aux institutions de crédit associées.

XII. — Réescomptes effectués avec les Banques associées.

XIII. — Prêts de préparation.

XIV. — Prêts de relèvement non compris dans les paragraphes antérieurs.

XV. — Prêts avec garantie de Bons de caisse, agricoles ou hypothécaires émis en concordance avec cette loi.

XVI. — Prêts sur gages distincts de ceux mentionnés par le paragraphe antérieur.

XVII. — Escomptes.

XVIII. — Débiteurs divers.

XIX. — Avances sur chèques ou effets en recouvrement.

XX. — Prêts hypothécaires.

XXI. — Immeubles.

XXII. — Généraux et impersonnels.

Passif :

I. — Capital social.

II. — Fonds de réserve.

III. — Bons agricoles ou de caisse en circulation.

IV. — Bons hypothécaires en circulation.

V. — Dépôts à vue.

VI. — Dépôts à soixante jours, vue ou plus.

VII. — Acceptation.

VIII. — Créanciers en comptes courants.

IX. — Créanciers divers.

X. — Généraux et impersonnels.

En plus des renseignements mentionnés ci-dessus, les bilans devront spécifier le total des opérations, avec garantie que la Banque aurait effectuées.

Liquidation de la Banque.

ARTICLE 103. — Lorsqu'on effectuera la liquidation définitive de la Banque Nationale de Crédit Agricole, le Gouvernement Fédéral recevra la valeur des Bons que la dite Banque aurait émis, et qui ne lui auraient pas été présentés pour leur liquidation, ou pour lesquels il n'y aurait pas de prescription. Le Gouvernement Fédéral sera alors responsable du remboursement des dits bons. Si, à la liquidation de la Banque, il n'y avait pas suffisamment d'actif pour rembourser la valeur des bons en circulation, le Gouvernement Fédéral sera responsable de la différence.

Impôt du timbre pour la constitution de la Banque et des Sociétés régionales et des Unions de Sociétés locales.

La constitution des Sociétés locales ne sera soumise à aucun impôt.

.. ni les bons des Institutions de Crédit Agricole.

ARTICLE 104. — La constitution de la Banque Nationale de Crédit Agricole, ainsi que celle des Sociétés régionales de crédit, et des Unions des Sociétés locales, seront soumises à l'impôt du Timbre, établi pour les Sociétés par la loi du 1er juin 1906 (article XIV, paragraphe XCVI, alinéa I, sous-alinéas a), b) et c). La constitution des Sociétés locales ne sera soumise à aucun impôt. Les institutions de crédit agricole jouiront des mêmes franchises et exemptions que, en matière d'impôts, établit pour les institutions de crédit la loi générale relative. Les bons et obligations émis par les institutions de Crédit Agricole ne seront soumis ni aux impôts fédéraux, ni aux impôts locaux, à l'exception de l'impôt sur le revenu.

CHAPITRE III.

Sanctions.

Responsabilités civiles et pénales pour les Conseillers, Fonctionnaires et Employés des Institutions de Crédit Agricole.

ARTICLE 105. — Les Conseillers, fonctionnaires et employés de la Banque Nationale de Crédit Agricole, ainsi que ceux des Sociétés locales ou régionales de crédit, et des Unions des Sociétés locales, ceux du Registre du Crédit, les experts pour évaluations, suivant les cas, seront considérés comme chargés d'un service public, pour les effets des responsabilités civiles ou pénales qu'ils pourraient encourir. Pour les effets de cette loi, le Code Pénal du District Fédéral sera déclaré applicable dans toute la République.

Responsabilités civiles et pénales pour les Conservateurs, Comptables et Experts

ARTICLE 106. — Les Conservateurs, Comptables-Caissiers, Commissaires et Experts-Comptables et d'écaluations, auxquels cette loi se réfère et dans l'exercice des fonctions que cette même loi leur signale, seront considérés comme fonctionnaires publics pour la responsabilité pénale qu'ils peuvent encourir, pour les circonstances ou certificats expédiés par eux.

Les évaluations seront considérées comme des déclarations devant l'autorité.

ARTICLE 107. — Les évaluations, renseignements et estimations que les experts ou comptables remettront à l'Institution de Crédit Agricole, seront considérés comme déclarations faites devant les autorités.

Pénalités pour fausses déclarations.

ARTICLE 108. — Les personnes qui, pour obtenir des prêts des institutions agricoles, feront de fausses déclarations, soit en diminuant leur passif ou augmentant leur actif, soit en y faisant paraître des valeurs qui ne leur correspondent pas, souffriront, si elles obtiennent le prêt dans la demande duquel elles ont fait la fausse déclaration à laquelle cet article se réfère, la peine prononcée par les articles 414 et 415 du Code Pénal.

Responsabilité civile pour infraction à cette loi.

ARTICLE 109. — Sans préjudice de la responsabilité pénale que peuvent encourir, d'après cette loi et les dispositions du Code Pénal les Conseillers ou membres des Commissions d'administration, les Commissaires, les Membres de la Commission de Surveillance, et les autres fonctionnaires et employés des institutions de Crédit Agricole, seront civilement responsables des opérations qu'ils autoriseraient ou effectueraient en contre des dispositions de cette loi.

La loi générale s'applique à tous les cas non prévus.

ARTICLE 110. — La loi générale des institutions de crédit et banques sera appliquée dans tous les cas non prévus spécialement par cette loi ou par le Règlement.

ARTICLES TRANSITOIRES.

Conseillers de la Banque pour les Sociétés locales.

ARTICLE I. — Avant qu'il n'y ait au moins cinquante Sociétés locales en fonctionnement, d'après les principes de cette loi, les Conseillers auxquels se réfère l'alinéa d) du paragraphe IX de l'article 2 seront désignés par le Pouvoir Exécutif Fédéral, sur les propositions du Ministère des Finances et du Ministère d'Agriculture.

Nomination provisoire des Conseillers par actions série « B ».

ARTICLE II. — Avant qu'il n'y ait au moins cent mille actions de la Série « B » souscrites, les Conseillers correspondant à ces actions seront désignés par le Pouvoir Exécutif Fédéral, sur les propositions du Ministère des Finances et du Ministère d'Agriculture.

Nomination provisoire pour les Conseillers par actions série « C ».

ARTICLE III. — Avant qu'il n'y ait au moins cinquante mille actions de la Série « C » souscrites, les Conseillers correspondant à cette Série seront choisis librement par le Pouvoir Exécutif Fédéral, entre les personnes qui, par leurs connaissances pratiques et leur expérience pourront représenter le mieux les plus importantes régions agricoles de la République.

Exceptions.

ARTICLE IV. — Les dispositions des articles 1, paragraphe IX, alinéa d) de la loi du 25 août 1925, et 2e, paragraphe XII, alinéa d) de cette loi, ne seront pas applicables aux Conseillers de la Banque du Mexique, ni aux Conseillers de la Banque Nationale de Crédit Agricole. Quand il s'agira des Conseillers des Institutions dans lesquelles le Gouvernement Fédéral aurait la majorité, les dispositions du susdit paragraphe XII, alinéa d) de l'article 2, ne seront pas applicables.

Statut général.

ARTICLE V. — Sont modifiés et additionnés dans toutes les dispositions que cette loi réglemente, la Loi Générale des Institutions de Crédit et le Règlement Agraire du 10 avril 1922, et toutes les lois s'opposant aux dispositions de la présente sont abrogées.

FIN

TABLE DES MATIÈRES

LOI DE CRÉDIT AGRICOLE

TITRE I

Des Institutions de Crédit Agricole

TITRE II

Des opérations des Institutions de Crédit Agricole

IMP. BARTHE & C¹ᵉ
51, rue Le Peletier, Paris
6240-26

www.ingramcontent.com/pod-product-compliance
Ingram Content Group UK Ltd.
Pitfield, Milton Keynes, MK11 3LW, UK
UKHW022059170726
13837UKWH00003B/1011